W0070132

Ralph Schock beschreibt eine Kindheit in den 1950er Jahren. Es geht um Murmeln, Fieber, Hausschlachtungen, Medizinschränke, Kindertaschentücher, Gulaschkanonen, Radios und die Abstimmung von 1955 über die Wiedereingliederung des Saarlandes in die Bundesrepublik. Der Kern dieser Geschichten ist so präsent und zugleich so fern und fremd wie ein Insekt in einem Stück Bernstein: Erinnerungsbruchstücke, die eingeschlossen, aber noch sichtbar sind. Sandkörner, um die sich, wie in einer Muschel, allmählich Material anlagert, sie kapseln sich ein, wachsen zu.

Ralph Schock, geboren 1952 in Ottweiler (Saar), ist Autor, Herausgeber und Literaturredakteur. Er lebt und arbeitet in Saarbrücken. Bis Sommer 2017 leitete er die Literaturredaktion des Saarländischen Rundfunks. »Kaffeeschmuggler und Steckdosenmäuse« ist seine erste literarische Veröffentlichung.

Ralph Schock

KAFFEESCHMUGGLER UND STECKDOSENMÄUSE

Eine Kindheit in den 50ern

VERBRECHER VERLAG

Zweite Auflage
Verbrecher Verlag 2018
www.verbrecherei.de

© Verbrecher Verlag 2017

Satz: Christian Walter
Druck: CPI Clausen & Bosse, Leck

ISBN: 978-3-95732-278-4

Printed in Germany

Der Verlag dankt Martin Neusiedl.

FÜR ADRIEN NELLE

»Er wirft das Netz Erinnerung aus, wirft es über sich und zieht sich selbst, Erbeuter und Beute in einem, über die Zeitschwelle, die Ortsschwelle, um zu sehen, wer er war und wer er geworden war.«
  Ingeborg Bachmann

»Eigenartigerweise weiß ich nicht, [...] ob ich damals unglücklich oder glücklich oder was ich überhaupt gewesen bin.«
  W. G. Sebald

»... daß Erinnern in gewissem Sinne Erfinden ist.«
  Pascal Mercier

»... aber wer ist gerecht, wenn es um seine Kindheit geht?«
  Irène Némirovsky

LIEBLINGSHÖHLE

Meine Lieblingshöhle war ein Verschlag unter der Flurtreppe. Sogar ich musste mich bücken, um hineinzukommen. Mit zwei Magneten an der Sperrholztür und am Rahmen war sie zu verschließen. Nur direkt hinter der Tür konnte ich stehen, meist saß ich auf einer winzigen Fußbank. Es roch nach Bohnerwachs, Terpentin und Staub. Meine Spielsachen lagen auf einem von Vater zusammengenagelten kleinen Regal. Licht gab eine Glühbirne, ich konnte sie mit einem dicken braunen Bakelitschalter an- und ausdrehen. Manchmal zog ich die Tür von innen zu, löschte das Licht und rührte mich nicht. Ging jemand die Treppe hinauf oder herab, versuchte ich am Knarren zu erkennen, wer es war.

DAS ANDERE VERSTECK

Das andere Versteck war unter Omas Nähmaschine. Kroch ich auf den hinteren Teil des breiten Fußpedals, so senkte es sich nach unten. Auf der linken Seite schützte mich das Schwungrad mit dem runden Treibriemen aus Leder, rechts der gusseiserne Rahmen. Und hinter der Nähmaschine waren die Holzstäbe des Treppengeländers.

PFAUEN

Vor dem Einschlafen fiel mein Blick aus dem Gitterbett im Schlafzimmer der Eltern zum Fenster. Davor hing eine weiße Tüllgardine mit zwei Rad schlagenden Pfauen. Strich der Wind hinein, bewegten sie ihre Schwanzfedern. Obwohl ich es nicht durfte, kletterte ich auf die Querstange am Fußende des Gitterbetts und warf mich auf die Bettdecke. Manchmal krachten Rost und Matratze herunter, dann schraubte Vater am nächsten Tag den Rahmen wieder an. Einmal blieb ich mit der Zehe im Rad eines Pfaus hängen und zerriss den Vorhang. Mutter nähte das Loch zu, doch im Rad war nun eine Delle.

HAARSTRÄHNE

Mit dem rechten Zeigefinger drehte ich beim Einschlafen meine Haare zu einem Büschel zusammen, unablässig und auf der immer gleichen Stelle des Kopfes. Das Kreisen erzeugte ein mahlendes Geräusch im Schädel, auf dem Weg nach unten hörte es sich dumpf an, nach oben hell. Eines Morgens war die Strähne so zusammengezwirbelt, dass weder mit Kamm noch Bürste durchzukommen war. Da nahm Mutter ihre große Stoffschere und schnitt sie ab.

BADESCHWAMM

Es gefiel mir nicht, das Spielen unterbrechen zu müssen, um zu pinkeln. Deshalb ging ich vorher aufs Klo. Und um möglichst alles los-
zuwerden, drückte ich auf den Hoden herum wie samstags in der
Wanne auf dem Badeschwamm.

FOTO

Als Vater ein Foto von mir aufnehmen wollte, nahm er mich bei
der Hand und stellte mich auf die Straße. Mutter und eine Nachbarin schauten zu. Vater entfernte sich ein paar Schritte, blickte in
eine schwarze Box, die er vor die Brust hielt, ging in die Hocke,
schirmte mit der Hand die Augen ab, schwenkte den Apparat hin
und her und winkte mich etwas zur Seite. Ich begann zu weinen.
Die Nachbarin kam, streichelte mir über die Haare und versuchte,
meinen Kopf in die Kamera zu drehen. Ich wollte nicht und
drückte mein Gesicht in ihre Kittelschürze. Als meine Wangen den
kühlen Stoff berührten, fühlte ich mich sicher.

UMZUG

Eines Tages sagte Vater, ich hätte nun lange genug bei ihnen gewohnt, und stopfte einen Waschlappen, ein Handtuch und ein Stück Seife in meinen kleinen roten Koffer. Ab jetzt würde ich drei Häuser weiter bei Familie R. leben. Er nahm mich an der Hand und öffnete die Küchentür. Zur Not wäre ich überall hingegangen, aber niemals zur Familie R. Der alte Mann lag den ganzen Tag im Unterhemd am Fenster und schrie seiner Frau hinterher. Diese hatte am Kinn eine Warze, aus der schwarze Haare wuchsen. Am meisten fürchtete ich mich vor ihrem Hund, einem weißen Spitz, der mich ankläffte, wenn ich vorbeiging. Wir standen noch in der Küchentür, ich hielt den Koffer in der Hand, als Vater plötzlich loslachte. Mitsamt Koffer hob er mich hoch und drückte mich an sich.

OPARATION

Opa war im Ersten Weltkrieg Koch gewesen. Er habe, erzählte er, die ganze Zeit an der Gulaschkanone gestanden. Nach dem Krieg war er Schießmeister auf der Grube in K. Am Wochenende machte er mit Kollegen in einer Wirtschaft Tanzmusik. Er spielte Akkordeon und Schlagzeug. Nach seiner Pensionierung stand er jeden Tag um sechs Uhr auf und begann das Mittagessen zu kochen, nur sonntags war Oma an der Reihe. Kam ich morgens zu ihm in die Küche, brannte schon lange das Feuer. Den ganzen Vormittag über stand er am Herd und rührte in seinen Töpfen, bis Schlag zwölf gegessen wurde. Einmal hörte ich, daß Tante F. opariert werden müsse. Vor dem Einschlafen stellte ich mir vor, wie sie auf dem Küchentisch lag, Opa breitbeinig neben ihr stand und mit seinem dicken Kartoffelstößel in ihrem Bauch herumrührte.

KANONENFUTTER

Immer wenn Opa erzählte, dass er im Ersten Weltkrieg Küchenbulle an der Gulaschkanone gewesen war, sah ich ihn dicke Fleischstücke in das Kanonenrohr stopfen, kochendes Wasser nachschütten und die Lunte anzünden. Und stellte mir vor, wie die geballte Ladung in die feindlichen Reihen krachte.

KAMERADEN

Mein größter Wunsch war es, Spielkameraden zu haben, sei es in einem Heim oder in einer anderen Familie. Doch in Heime kamen nur arme Waisen. So malte ich mir immer neue Unglücke oder Schicksalsschläge aus: Autounfälle, schlimme Krankheiten oder Überfälle auf die Geldtransporte der Post, die Vater mit einer Pistole 08 begleiten musste. Oder einen herabstürzenden Schornstein. Wie jener, der bei einem Gewitter vom Dach des Nachbarhauses auf das Trottoir gekracht war und den eisernen Ascheneimer plattgedrückt hatte. In der neuen Familie sollten Kinder in meinem Alter sein. Aber wenn ich auch dort das einzige Kind wäre?

SPRICHWORT

Weil ich mir unter einem Sprichwort nichts vorstellen konnte, bat ich Oma, mir eins zu sagen. Sie überlegte eine Weile, während sie nasse Geschirrtücher an der Stange des Kohleherds aufhängte. Dann sagte sie: Ach, es gibt so viele. Zum Beispiel: Steht der Tropfen, heult der Stein.

SCHLACHTEN

Der Metzger im Schweinestall hatte eine weiße Gummischürze um den Bauch gebunden, in der Rechten hielt er einen Bolzenschussapparat. Drei Helfer standen dabei und betrachteten das Schwein. Einer drehte sich um und sagte, ich sei schon groß und müsse ihnen helfen. Als die Männer das Tier packten, quiekte es laut. Einer rief, ich solle jetzt das Schwänzchen packen und festhalten. Kaum hatte ich das kratzige Ding in der Hand, presste der Metzger den Apparat an die Stirn des Schweins und drückte ab. Es knallte und ich spürte einen heftigen Schlag in der Hand. Erschrocken ließ ich los, das Schwein stürzte zu Boden und zuckte am ganzen Körper. Zwei Läufe zitterten in der Luft, die anderen kratzten wie rasend durch das Stroh am Boden.

DEPUTATSCHWEIN

Onkel P., Hausmeister im Krankenhaus von O., fütterte in seinem Stall fünf Schweine mit Essensresten und Kartoffelschalen aus der Spitalsküche. Vier Tiere musste er abliefern, das fünfte war sein Deputatschwein. Wurde es geschlachtet, half Opa. Nachdem sie Vermutungen über sein Gewicht angestellt hatten, zerrten sie das Tier, das sich panisch wehrte, aus dem Stall. Auf dem Hof standen Blecheimer mit heißem Wasser, große Aluminiumtöpfe und Schüsseln bereit. Mit seinem Rasiermesser schnitt einer der Männer die Halsschlagader des Tiers durch, stoßweise spritzte dunkles Blut hervor, das eine Frau in einer großen Schüssel auffing. Sofort begann sie mit einem Holzlöffel zu rühren, damit es nicht stockte. War das Tier ausgeblutet, wurde es zu einem Holztrog geschleift und die Männer begannen, die Borsten abzuschaben. Zwischendurch zogen sie immer wieder ihre Messer an einem glatten Lederriemen ab. Die Stoppeln schwemmten sie mit heißem Wasser herunter. Schließlich wurde eine Leiter unter den Rücken des Tieres geschoben, die Sehnen der Hinterfüße mit zwei Fleischerhaken durchstoßen und diese in oberste Sprosse eingehängt. Alle halfen nun, die Leiter an der Stallwand aufzurichten. Ein großer Holzbottich wurde unter dem Tier aufgestellt und dann durchtrennte einer der Männer mit einem einzigen Schnitt seines Rasiermessers die Bauchschwarte von oben bis unten. Innereien und Eingeweide platschten dampfend heraus. Zwei Frauen spülten den meterlangen

Darm mit heißem Wasser. Eine andere Frau versetzte den noch warmen Blutbrei mit Speckgrieben und würzte ihn mit Salz, Pfeffer und Majoran. Dann stopften die Frauen die Masse in den Darm, schnürten ihn mit Bindfäden ab und ließen ihn in einem großen Topf köcheln. Dabei platzten einige Würste auf. Waren es zu wenige, stachen sie ein paar auf. War die Arbeit getan und der Hof abgespritzt, füllte Opa unseren Teil der Metzelsuppe in seine Milchkanne ab. Es war unser Abendessen. Die Nachbarn, die sich im Laufe des Nachmittags mit einer Flasche Bier auf dem Hof eingefunden hatten, durften die restliche Suppe unter sich aufteilen.

KLICKER

Meine Klicker bewahrte ich in einem braunen Stoffbeutel auf. Die meisten waren aus gebranntem Ton, die vier schönsten aus Glas. Dünne farbige Schlieren schwebten darin. Bei Wettkämpfen setzte ich sie nie ein, obwohl ich mit ihnen viele Tonklicker hätte gewinnen können. Als die Männer mit dem Schlachten fertig waren, kam einer in die Hofecke, wo ich meine Klicker in eine Kuhle schob. Ob ich denn wisse, sagte er, dass Glasklicker aus gebackenen Schweineaugen gemacht werden. Und öffnete seine Hand, in der die beiden Augen lagen. Am Samstag, wenn Mutter backt, sollte ich sie mit aufs Kuchenblech legen. Wenn sie hart geworden sind, müsse Vater sie mit Schmirgelpapier, aber ganz feinem, glattpolieren. Ich wollte unbedingt noch zwei Glasklicker besitzen. Aber es ekelte mich, die blutigen Klumpen anzufassen.

BADEZIMMER

Der grüne zweitürige Badezimmerschrank war ein geheimnisvoller Ort mit seltsamen Dingen, aus dem es eigenartig roch. Da gab es eine Spritze aus Metall mit einem Kolben aus Glas, die in einer Blechdose lag. Daneben handgroße birnenförmige Gummibälle mit einem Röhrchen an der Spitze. Einen Ledergürtel mit einer kleinen ovalen Metallplatte am Ende, die auf einer Seite mit Mull beklebt war und an der zwei Haken herausstachen. An dem Gürtel war ein kürzeres Lederband festgenietet. In beide Riemen waren Löcher für die Haken eingestanzt. Es gab auch Salbentiegel, Schachteln mit Vaters Melabontabletten, Mullbinden, Pflaster für Hühneraugen, eine schwarze Augenklappe und einen Fingerling aus Leder. Und einen Alaunstein, mit dem Vater das Blut stillte, wenn er sich beim Rasieren geschnitten hatte. Außerdem eckige und runde Glasgefäße in verschiedenen Größen und Farben mit Ohren-, Augen- und Nasentropfen. Aus manchen roch es stechend. Auf einem der Etiketten war ein Totenschädel über gekreuzten Knochen abgebildet. Und stets standen dort mehrere Fläschchen mit den grünen Ilja-Rogoff-Kapseln, die Vater und Mutter morgens, mittags und abends schluckten, weil Knoblauchpillen ein langes Leben versprachen.

NICHT GEHÖRT

Warum ich so spät vom Spielen nach Hause gekommen sei, schimpfte Mutter, sie habe schon dreimal gerufen. Aber die ersten beiden Male, sagte ich treuherzig, hätte ich leider wirklich nicht gehört.

WINTEREIS

Bevor Kanalrohre verlegt waren, flossen Regen und Abwässer aus den Häusern in den Rinnen links und rechts der Straße zum Dohlen hinunter. Im Winter fror alles ein. Weil immer mehr Wasser, das langsam abkühlte, über das Eis rann, entstanden an den Rändern der Straße zwei stets breiter werdende Eisflächen, die, terrassenartig sanft übereinander fließend, allmählich zusammenwuchsen.

DAS MÄDCHEN

Jeden Morgen schickte mich Mutter einkaufen. Neben dem Geschäft wohnte im Erdgeschoss ein Mädchen, das ungefähr so alt war wie ich. Ihre Eltern waren oft nicht zuhause, dann öffnete sie das Fenster und wir unterhielten uns. Eines Tages war sie noch nicht angezogen. Um sie besser betrachten zu können, bat ich sie, auf den Küchentisch zu steigen, was sie gleich tat. Nun wollte ich sie von hinten sehen und sagte, sie solle sich umdrehen. Auch das tat sie und sagte, sie würde alles tun, was ich wollte. Mir fiel aber nichts ein, außer sie ein paar Mal vom Tisch herab- und wieder hinaufsteigen zu lassen. Eine Nachbarin ging vorüber, sah mich am Fenster und das nackte Mädchen auf dem Tisch und begann zu schimpfen. Laut schrie sie über die Straße, was wir für Schweinereien machten. Schnell rannte ich nach Hause und wollte ein paar Tage nicht mehr einkaufen gehen.

STREICHHÖLZER

Ganz unten, im hintersten Regal des Geschäfts, lagen die Streich-
holzpakete. Jedes Mal hoffte ich, dass keine Schachteln einzeln he-
rumlägen, denn ein Päckchen aufzureißen hätte ich mich nicht ge-
traut. Doch einzeln im Regal herumliegenden Schachteln konnte
ich nicht widerstehen. Aber ich nahm nie mehr als eine. Mit schwitzenden Fingern hielt ich sie in der Hosentasche umklammert. Mit
der anderen Hand gab ich der Verkäuferin den Geldbeutel und
griff nach der Tasche, in der sie alles eingepackt hatte. Zuhause
schob ich sie zu den anderen Schachteln in das Belüftungsloch des
Kartoffelkellers.

GRAF KOKS

Drei Männer mit Trompete, Akkordeon und Klarinette musizierten im Sommer auf der Straße. Frauen und Kinder kamen aus den Häusern und hörten zu. Das sind, sagte Oma, die neben mir am Fenster lag, Wandermusikanten aus Mackenbach. Nachdem sie einige Stücke gespielt hatte, ließen sie einen Hut herumgehen. Oma nahm zwei Groschen aus dem Geldbeutel und wickelte sie in ein Stück Zeitungspapier. Und obwohl ich immer gehört hatte, man solle kein Geld zum Fenster hinauswerfen, durfte ich das Päckchen auf die Straße werfen. Und kam mir dabei vor wie der oft erwähnte Graf Koks, der sein Geld auch immer zum Fenster hinauswarf. Einer der Männer wickelte die Münzen aus dem Papier und grüßte, sich leicht verbeugend, mit seinem Hut zu uns herauf.

FAST ERWACHSEN

Bei den stundenlangen Doppelkopfspielen wurde viel Bier getrunken. Irgendwann legte Opa seine Karten zur Seite. Dann wusste ich, dass er pinkeln ging, und folgte ihm. Draußen war es inzwischen dunkel geworden. Er trat an den Zaun zum Nachbargrundstück und ich stellte mich neben ihn. Gemeinsam pinkelten wir in den Hühnerhof hinunter. So wie er schwankte auch ich dabei ein wenig vor und zurück. Über uns blinkten die Sterne, und ich fühlte mich schon ein bisschen erwachsen.

INFLATION

Mehrere Bündel mit Inflationsgeld in der untersten Schublade von Omas Küchenschrank sortierte ich immer wieder neu nach Größe, Farbe oder Anzahl der Nullen. Vater zeigte mir, wie man mit den Scheinen Schwalben faltet und wir ließen sie aus dem Fenster segeln. Doch immer, wenn er einen Streifen für den Schwanz abtrennte, tat es mir leid. Aber Vater lachte bloß und sagte, das Geld sei schon lange nichts mehr wert.

ABC

Nach dem Mittagessen legte sich Vater in der Küche auf das Chaise-longue und las die Zeitung. Ich kletterte zu ihm, legte den Kopf neben seinen und versuchte herauszufinden, welche Bilder oder Artikel er gerade betrachtete. Manchmal fragte ich ihn, was in der Zeitung stehe, dann las er mir etwas vor. Schon bald, sagte er, würde ich in die Schule kommen und das ABC lernen. Dann könnte ich die Zeitung selbst lesen. Das hielt ich für ausgeschlossen.

SCHIENBEIN

Sie habe sich das Schienbein am Ofen gestoßen, stöhnte Oma. Ich fragte sie, ob das Schienbein das rechte oder das linke Bein sei. Und wie das andere Bein hieße. Da fing sie laut zu lachen an.

LIEBE

Ich liebte die Tochter unseres Metzgers wegen ihres Lächelns. Denn an einem ihrer oberen Schneidezähne blitzte eine vergoldete Ecke. Deshalb ging ich gern in die Metzgerei. Außerdem bekam ich beim Hinausgehen vom Metzger oder seiner Frau stets ein Stück Lyoner geschenkt. Manchmal geschah es sogar, dass sie mir die Wurst schenkte, dann lächelte sie mich immer an. War ich an der Reihe, gab ich ihr meinen Zettel und hatte Zeit, sie zu betrachten, und wendete keinen Blick von ihr. Eines Tages, ich hatte den Zettel, den Geldbeutel mit dem Wechselgeld und die Einkaufstasche schon zurückbekommen, winkte sie mich zu sich, beugte sich über die Theke und hielt mir lächelnd ein besonders großes Stückchen Lyoner hin. Ich war selig und streckte die Hand aus. Da sagte sie etwas und die Leute begannen zu lachen. Ich spürte, dass sie über mich lachten, schämte mich, zog die Hand zurück und lief zur Ladentür. Dort drehte ich mich um und streckte, soweit es ging, allen die Zunge heraus. Jemand musste dies Mutter erzählt haben. Denn als Vater abends nach Hause kam, verlangte sie meine Bestrafung. Er führte mich in den Kohlenkeller. Es war das einzige Mal, dass er mich schlug, aber nicht heftig. Und es tat nicht sehr weh.

MARKKNOCHEN

Mit zwei Groschen schickte mich Mutter in die Metzgerei, um einen Markknochen für die Suppe zu kaufen. Neben dem Geschäft hoben gerade Männer eine Grube aus. Vater hatte erzählt, dass dort ein Kühlkeller ausgeschachtet wurde, und zwar genau da, wo früher der Friedhof des Klosters war. Einer der Männer fragte, was ich einkaufen ging, und sagte, ich sollte warten. Dann verschwand er in dem Loch und kam mit einem langen Knochen zurück. Er streckte ihn mir entgegen und sagte, der sei viel größer als die mickrigen Dinger vom Metzger. Diesen da sollte ich Mutter bringen. Aber weil die Männer laut lachten, wollte ich ihn nicht in die Hand nehmen.

STECKDOSENMAUS

Niemals dürfe ich meinen Finger in eines der Löcher der Steckdose stecken, sagte Vater. Ein Mäuschen säße dahinter. Es würde mich dann beißen und das täte sehr weh. Ich kniete vor dem runden braunen Ding, schaute erst in das eine, dann in das andere Loch und versuchte, wenigstens das Ohr oder die Nasenspitze der Maus zu sehen. Doch es war dunkel darin, und auch mit meiner Taschenlampe konnte ich nichts erkennen. Und nie hing auch nur die Spitze ihres Schwänzchens heraus. Eines Tages glaubte ich Vater nicht mehr. Aber die Maus war da und biss zu. Als ich weinte, kam Vater, tröstete mich und sagte: Siehste.

SO ODER SO

Unser Klo war bis zur halben Höhe mit Fliesen gekachelt, einige von ihnen waren mit Sprüngen durchzogen. Saß ich auf dem Klo, fiel mein Blick genau auf eine Kachel mit mehreren von rechts oben nach links unten verlaufenden Rissen. Ich sah einen Jungen, der auf einer abschüssigen Straße seinem Ball hinterher rannte. Und gerade war ihm die Mütze vom Kopf geflogen. Manchmal war ich sicher, dass der Junge seinen Ball noch einholen würde. An anderen Tagen war ich überzeugt, dass er nicht die geringste Chance hatte.

ABORTGRUBE

Es war teuer, zweimal jährlich das Puddelauto zu bestellen, um die Grube leerpumpen zu lassen. So verlegte Vater an dunklen regnerischen Herbstabenden einen dicken schwarzen Schlauch von der Abortgrube durch den Keller hinaus in den Rinnstein der Straße. Das Gefälle war ausreichend, doch um die Sache zum Laufen zu bringen, brauchte es einen Trick. Ich musste das untere Schlauchende mit der Hand verschließen, während Vater oben Wasser hineinschüttete. War der Schlauch voll, drückte ihn Vater schnell in die Grube und rief: Jetzt. Ich zog die Hand weg und das Wasser schoss heraus. Dann kam das Andere.

HALBGEHENKT

Leute, die nicht arbeiteten, waren für Mutter Tagediebe oder Ge-
sindel. Sie tranken schon tagsüber Bier, ihre Kleidung war unor-
dentlich und schmutzig, und sie stahlen Unsermherrgott die Zeit.
Manchmal, wenn ich mit heraushängendem Hemd vom Spielen
nach Hause kam, schimpfte Mutter, ich sähe aus wie ein halbge-
henkter Jud. Bloß halb gehenkt, das konnte so schlimm nicht sein.
Nur unter einem Jud konnte ich mir nichts vorstellen.

KURVEN

Vor dem Radio wartete ich auf das Wort Couve de Murville. Kam es endlich, freute ich mich. Ich dachte an die blankgefahrenen Kufen meines Schlittens und an einen eleganten roten Sportwagen in einer scharfen Kurve. Abends im Bett kreiste das Wort in meinem Kopf herum, und nach einer Weile begannen Auto und Schlitten wild durcheinanderzurasen. Eine Zeit lang kam das Wort häufig aus dem Radio. Dann selten, irgendwann nie mehr.

KRIECHSPIELEN

Unter unserem Küchenfenster fuhren riesig große Militärlast-
wagen und Panzer mit französischen Soldaten zu einem Truppen-
übungsplatz am Wald. Die gehn jetzt Kriech spielen, sagte Mutter.
Kriech wurde um den Olympiaturm herum gespielt, nie bei uns
vorm Fenster, wo ich es gut hätte beobachten können. Ich stellte
mir vor, wie die Soldaten durch Hecken und im Gebüsch herum-
krochen, vielleicht auch auf Bäume kletterten. Kriechspielen musste
eine Art Versteckspiel sein, ähnlich wie unser Fangelspiel. Kriech,
hatte Vater gesagt, spielt nicht nur der Franzose, sondern auch der
Amerikaner und der Russe. Doch die kamen nie vor unserem Fenster vorbei. Wir im Saargebiet durften nicht mitspielen, auch nicht
die drüben, im Reich. Früher musste das einmal anders gewesen
sein. Denn die Männer erzählten, dass sie den Kriech verloren hätten. Danach seien sie in Gefangelschaft gekommen, in Frankreich
oder in England, einer sogar in Amerika. Andere, wie Philipp, der
älteste Bruder meines Vaters, ein Konditor, waren beim Kriechspielen gefallen. Ich hätte gerne gefragt, ob er sich dabei wehgetan
hatte, vielleicht sogar das Knie aufgeschürft, wie es mir passierte,
als ich beim Fangelspiel eine Gefangene abschlagen wollte, dabei
mit einem Jungen zusammengestoßen und hingefallen war. Aber
dieser Bruder war nie da, wenn wir die Geschwister von Vater besuchten. Fragte ich nach ihm, hieß es: Achkind, der ist doch gefallen. Aber das wusste ich ja schon.

FIEBER

Er hat hohes Fieber, hörte ich Mutter sagen, als Vater nach Hause kam. Sie hatte mir ein Bett im Wohnzimmer gemacht, die Tür zur Küche war angelehnt, ein schmaler Lichtstreifen fiel herein. Auf einem Tisch an der Wand stand das Radio. Sein rundes Auge starrte grün aus dem Dämmerlicht. Dann verkündete eine dunkel feierliche Ansage, und die Worte rollten in Wellen von weit heran: Hieristradiosaarbrücken. Siehörenjetztdiestimmedestages.

EHRE

Vater erzählte begeistert von seiner Zeit bei der Hitlerjugend. Jeden Morgen musste seine Truppe vor dem Standortführer beim Hissen der Fahne im Chor den Flaggenspruch aufsagen. Vater wusste ihn auswendig. Aber ich konnte ihn mir nie merken. Hieß er: Die Treue ist das Mark der Ehre? Oder: Das Mark ist die Ehre der Treue? Oder: Die Ehre ist das Mark der Treue? Oder: Das Mark ist die Treue der Ehre?

GOTT

Von Gott könnten wir uns durchaus abwenden, wetterte der Pfarrer im Kindergottesdienst. Das stehe in unserer freien Entscheidung. Es sei wie beim Dreimeterbrett im Schwimmbad. Ein kleiner Schritt daneben, und ihr stürzt auf den harten Beton. Aber Leitern, um nach dem Fehltritt wieder emporsteigen zu können zur Gnade des Herrn, die gebe es nicht.

FEIGLING

Vater spielte mit mir am Ufer eines Weihers. Plötzlich nahm er meine Hand und führte mich auf einen Steg, von dem Kinder und Erwachsene hinuntersprangen. Vater ermunterte mich, ebenfalls zu springen. Ich sagte, er wisse doch, dass ich noch nicht schwimmen könne. Er redete auf mich ein, dass ich es jetzt lernen würde, und versprach mir zwei Kugeln Eis. Einige Kinder wurden aufmerksam. Um zu zeigen, wie lustig es sei, sprangen sie laut kreischend in die Tiefe. Auch Vater sprang hinunter, tauchte auf, streifte sich die Haare aus der Stirn und schwamm auf der Stelle. Und jetzt, rief er, spring du! Mir zuliebe. Nichts würde mir passieren, er zöge mich sofort wieder hoch. Die Leute auf dem Steg schauten mich an, und Vater bat sie, mit dem Springen zu warten, bis ich unten sei. Ich ging an den Rand und schaute hinunter. Sofort wurde mir schwindlig und ich machte die Augen zu. Alles drehte sich. Die Kinder riefen: Es ist ganz einfach. Und Vater: Sei doch kein Feigling. Da hielt ich die Luft an und ließ mich fallen. Kaum war ich neben ihm aufgeschlagen, packte mich Vater an den Haaren und riss meinen Kopf aus dem Wasser. Ich konnte nichts sehen und klammerte mich an ihm fest. Erst am Ufer ließ ich los. Schrecklich stolz sei er auf mich, sagte er, und ich solle gleich noch einmal springen, beim zweiten Mal sei es schon viel einfacher. Das tat ich aber nicht.

ZAUN

Ein mannshoher Maschendrahtzaun umgab den Garten der Familie R., in dem tagsüber Hühner herumliefen. Hinter unserem Haus war er kräftig ausgebeult. Es war verboten, sich dort hineinfallen zu lassen. Aber wenn niemand zu sehen war, kletterte ich auf ein kleines Mäuerchen zwischen den beiden dicken Holzbohlen, an denen der Zaun angenagelt war. Dann schaute ich nach oben und neigte mich mit ausgebreiteten Armen langsam nach vorne, bis ich das Gleichgewicht verlor und fiel. Der Zaun ächzte und knarrte, zerrte an den Bohlen und federte ein paar Mal hin und her. Manchmal hörte ich Herrn R. schon aus dem Fenster brüllen, obwohl ich noch auf dem Mäuerchen stand.

VATERS LEITER

Als Vater eine Leiter brauchte, durfte er aus dem Wäldchen eines Bekannten eine gerade gewachsene Tanne aussuchen. Wir fällten sie, hackten Spitze und Äste ab, schabten die Rinde herunter. Nun sägte Vater den Stamm der Länge nach durch. In die zwei Hälften bohrte er einander gegenüberliegende Löcher. Die Äste schnitt er zu gleichlangen Stücke zurecht. Ihre Enden auf der einen Seite tunkte ich in einen Leimtopf und er drehte die Sprossen in die Löcher einer Stammhälfte. Auch die in die Luft ragenden Sprossenenden schmierte ich mit Leim ein und Vater klopfte die andere Stammhälfte darüber. Er war stolz auf seine Leiter. Aber mit der Zeit wurde es ein gefährlich wackelndes Ding. Als er sich später eine richtige Leiter kaufen konnte, dreiteilig und ausschiebbar, hing die alte noch jahrelang an zwei Haken im Keller.

SCHNEE

Zweimal in der Woche musste ich beim Bauern Milch holen. Es hatte tagelang geschneit und die Strassen waren mit Eis und Schnee bedeckt. Auf dem Rückweg rutschte ich aus, die Kanne kippte um und der Deckel sprang heraus. Den hölzernen Griff hielt ich fest umklammert und schaute zu, wie die Milch in einem kräftigen Schwall herausschoss, eine große Lache bildete und, fast ohne eine Spur zu hinterlassen, im Schnee versickerte. Ein Mann, der mich hatte stürzen sehen, rief, ich solle doch endlich die Kanne hochheben.

EINUNDALLES

Vater hatte Mutter zum Geburtstag eine Brotmaschine geschenkt, ein stabiles gelbes Gerät aus Eisen mit einer schön geschwungenen Kurbel mit Holzgriff. Vater verbot mir streng, die Maschine zu berühren, denn ich sei ihr Einundalles. Bewundernd betrachtete ich die Maschine von allen Seiten, vor allem die Säge mit den scharfgeschliffenen Zähnen gefiel mir gut. Ein paar Tage später war ich gerade dabei, an dem Gehäuse das Papierschildchen der Herstellerfirma abzukratzen, so vorsichtig, wie ich aus einem Kartenhaus die unteren Spielkarten herauszog. Doch der Zettel klebte fest, ich konnte nur winzige Stückchen abreißen. Vater, den ich nicht hatte kommen hören, brüllte plötzlich, er habe mir doch verboten, die Maschine zu berühren. Vor Schreck zuckte ich zusammen und schnitt mir dabei an der Säge tief in den Finger. Er sagte: Siehste. Und holte ein Pflaster.

HANSI

Unsere Kanarienvögel hießen immer Hansi. Lag einer tot im Käfig, besorgte Vater einen neuen. Samstags musste ich Hansis Käfig säubern: Die beiden Holzstangen herausnehmen und den Kot wegkratzen, das Wasser im Schälchen erneuern und den Sand in den Ascheneimer schütten. War das Bodenblech abgewaschen und getrocknet, bestreute ich es mit frischem Sand. Er war hell, fast weiß, sehr fein und staubtrocken. Ich bewegte das Blech hin und her, damit er sich schön flach verteilte. Zog ich zwei Finger hindurch, gefielen mir die kleinen Wellen, die sich an ihren Seiten aufhäuften. Klopfte ich leicht gegen das Blech, wurden sie mit jedem Schlag etwas flacher.

GAGNES

Mein Lieblingskaugummi kostete fünf Franken. Sie lagen in einem großen runden Glas, das auf der Theke der Bäckerei F. stand. Sie waren wie Bonbons in bunte Papierchen eingewickelt. Manchmal war zusätzlich ein schmaler weißer Papierstreifen eingedreht, auf dem in roten Buchstaben *gagné* stand. Fand man so ein Zettelchen, durfte man sich einen weiteren Kaugummi nehmen. Einmal hatte ich von Oma zum Geburtstag ein Hundertfrankenstück bekommen und kaufte zwanzig Kaugummis. In dreien waren Zettelchen, die ich stolz der Verkäuferin gab. Sie sagte: So viele Gagnes! Da hast Du aber Glück gehabt. Und streckte mir das Glas entgegen.

KLOPAPIER

Mutter schickte mich in den Konsum, um eine Rolle Klopapier kaufen, die billige aus dem Angebot. Weil mir aber die Verkäuferin anderes Klopapier gegeben hatte, ärgerte sich Mutter und schickte mich zurück, um die Rolle umzutauschen. Ich stellte mich an. Als ich an der Reihe war, wurde die Verkäuferin laut. Wir sollten, rief sie, und die anderen Kunden schauten nun alle zu mir, erst mal diese Rolle vollscheißen. Und wenn wir die vollgeschissen hätten, dann könnten wir immer noch die billige kaufen und dann die vollscheißen. Und schickte mich weg. Zuhause erzählte ich, die Verkäuferin habe gesagt, das Klopapier aus dem Angebot sei schon ausverkauft gewesen.

KOHLEN

Aus der Kellerluke seines Hauses warfen mein Freund P. und ich Kohlenstücke auf vorbeifahrende Autos und Fußgänger. Einer bückte sich danach und schleuderte es zurück. Es traf den oberen Rand meiner Brille, und die linke Augenbraue begann heftig zu bluten. Schnell lief ich nach Hause und erzählte Mutter, ich hätte mich gerade an der Türklinke gestoßen.

PATENGESCHENK

Geschenke von meinen beiden Paten gab es an Sylvester und Ostern. Immer waren es eine Tüte mit Weihnachtsgebäck oder zehn Ostereier. Und von Onkel K., der Hühner hatte, zusätzlich sechs rohe Eier, für die Mutter stets eine leere Schachtel dabei hatte. Nie fehlte ein in Buntpapier gewickeltes Päckchen. Es war, sagten sie jedes Mal, für meine Aussteuer: Ein Messer, ein Löffel oder eine Gabel. Einmal war das Päckchen kleiner als sonst. Gespannt knotete ich das Band auf, wickelte das Kästchen aus dem Papier, hob den Deckel ab und fand eine Zuckerzange.

GASTARBEITER

In einer Barackensiedlung am Stadtrand von N. wohnten Gastarbeiter aus Italien. Vater hatte bei ihnen etwas zu erledigen und ich durfte mitkommen. Ein Mann saß im Unterhemd vor einer Baracke in der Sonne, winkte mich zu sich, griff in die Hosentasche und gab mir Bonbons. Als Vater das sah, rief er mich zu sich und flüsterte, ich dürfe die Bonbons auf keinen Fall essen, sie könnten vergiftet sein. Während er mit Händen und Füssen den Italienern irgendetwas erklärte, schob ich eins der schmalen grünen Bonbons in den Mund. Als die Kruste weggelutscht war, stieß ich mit der Zunge an etwas Sprödes und Hartes. Erschrocken spuckte ich es aus. Es war eine Mandel.

NEUGIER

Wochenlang trieb es mich täglich zu dem Klohäuschen der Nachbarfamilie mit den Zwillingen. Vorsichtig linste ich durch das schmale Fenster, das immer offen stand. Meistens saß niemand darin, aber manchmal las die Mutter der Zwillinge bei ihrem Geschäft eine Illustrierte. Ich sah ihren Hinterkopf und ein Stück der aufgeschlagenen Seite. Sehr lange dauerten die Sitzungen des Großvaters. Seine weißen Haare sahen aus wie die Stacheln eines Igels. Einmal ließ ich eine der Zwillingsschwestern hineinschauen, nachdem sie mir geschworen hatte, nichts zu verraten. Doch vom nächsten Tag an blieb das Fenster immer geschlossen. Und ein Stück Stoff hing davor.

UNERREICHBAR

Unerreichbar war ich, wenn ich bis in die oberste Spitze unseres Kirschbaums geklettert war, dorthin, wo die Äste bereits dünn und biegsam waren. Außer für Mutters Rufe.

DAS SCHWARZE LOCH

Das gusseiserne Fallrohr verlief senkrecht in der Ecke des Kellers und mündete nach einer Krümmung knapp über dem Boden in das Kanalrohr. Regen lief hindurch und die Abwässer aus Küche und Bad. Es mag einmal verstopft gewesen sein, und um den Pfropf zu entfernen, hatte man eine handgroße Öffnung in die Vorderseite des Fallrohrs gesägt. Um das Loch herum war es feucht, in den Ritzen des bröckligen Mauerwerks lebten Silberfische und Kellerasseln. Direkt neben dem Loch war der Drehschalter für das Kellerlicht, eine fleckige, von Spinnweben überzogene Glühbirne. Schickte mich Vater abends in den Keller, um eine Flasche Bier zu holen, war meine größte Sorge, die Finger, die nach dem Schalter tasteten, könnten in das Loch geraten. War der Schalter weiter rechts? Aber dort berührte ich den mürben Verputz der Mauer, der von Moder, Staub und Spinnweben gehalten wurde. Oder würde ich, wenn ich mit der Hand noch ein wenig vortastete, bereits die eklige Rückwand des Rohrs berühren? Ich hatte einmal mit der Taschenlampe hineingeleuchtet. Die Innenseite war mit einer dunkel glänzenden Schleimschicht bedeckt, eine zähe Schmiere hing in Schlieren herab, vermodernde Blätter steckten darin und dunkle Reste von Papier. Es roch feucht nach Schimmel und Verwesung. Kam Wasser von oben, so war zuerst ein Gluckern und Rauschen zu hören, bevor die Brühe in einem Schwall vorbeischoss. In dem Keller gab es Mäuse und manchmal auch Ratten.

Vater hatte mit Speck bestückte Fallen aufgestellt. Die Tiere kämen, hieß es, aus der Kanalisation. Manchmal streckte ich vorsichtig die geballte Faust ein paar Zentimeter weit in das Loch und zählte bis drei, selten bis zehn. Einmal schloss ich die Augen dabei.

M.

M., ein etwa gleichaltriges Mädchen aus der Nachbarschaft, war mongoloid. Sie lächelte immer, war zu allen freundlich und trug jeden Tag über ihrem Wollrock eine mit zwei großen Schleifen gebundene rote Kittelschürze. Einmal lockte unsere Bande sie in eine Scheune. Wir forderten sie auf, sich auszuziehen und herumzutanzen. Sie tat es und lächelte dabei. Zusammen mit ihrem kleinen Bruder saßen wir im Heu und schauten uns alles genau an. Dann bekamen wir Angst und liefen weg. Damit sie nicht nackt nach Hause gehen musste, kam ich zurück und streifte ihr den Rock über den Kopf. Er war hellbraun und gemustert. Aufmerksam betrachtete sie mich mit großen freundlichen Augen und ließ alles geschehen. Ich zerrte an dem Rock herum, bis er richtig saß und lief dann zu den anderen. Bevor ich um die Ecke bog, schaute ich zurück. Mit einem fragenden Lächeln blickte sie mir hinterher.

PRÜFUNG

Als N., der Jüngste aus der Nachbarschaft, Mitglied unserer Bande werden wollte, erklärten wir ihm, er müsse zuerst eine Mutprobe bestehen und schwarze Schuhwichse klauen. Als er das geschafft hatte, zogen wir ihm Hose und Unterhose herunter und befahlen ihm, sich zu bücken. Dann schmierten wir den Inhalt der Dose auf sein Gesäß. Wir waren gerade dabei, das Zeug gründlich zu verreiben und es glänzte bereits schön speckig, als seine Mutter in den Keller kam. Sie versuchte, einen von uns zu packen, aber wir entkamen. Aber spielen durfte N. nicht mehr mit uns.

DANKBAR

Nach ihrer Operation war Mutter zur Erholung in einem Kurhaus im Schwarzwald, wo Vater und ich sie besuchten. Während der Rückfahrt sprang plötzlich ein Rehkitz ins Scheinwerferlicht. Wir überfahren es nicht, sagte Vater und bremste. Gott habe Mutter nicht sterben lassen. Und darum sollten wir uns jetzt dankbar erweisen.

HANS

Hans, so rief, als ich am Bahnhofsvorplatz entlangkam, der katholische Pfarrer von O. und winkte mich zu sich. Verwundert ging ich zu ihm. Er trug seine schwarze Soutane, neben ihm stand ein kleiner Koffer. Du trägst jetzt meinen Koffer nach Hause, Hans, sagte er. Ich zögerte einen Moment. Dann hob ich ihn an und erschrak, weil er so schwer war. Der Pfarrer wohnte neben der Kirche, ein gutes Stück vom Bahnhof entfernt. Alle paar Schritte wechselte ich den Koffer von der einen in die andere Hand. Mehrmals musste ich ihn abstellen. Dann blieb der Pfarrer neben mir stehen, drehte seinen Don-Camillo-Hut in der Hand und fragte, in welche Klasse ich ginge. Ich sagte, dass ich bald in die Vierte käme und er sagte: Soso und schön. Als wir die Kirche erreicht hatten, sagte er: Das hast du gut gemacht, Hans, nahm seinen Koffer und verschwand in der Kirche. Auf dem Rückweg überlegte ich, ob ich, ein Evangelischer, seinen Koffer überhaupt hätte tragen müssen. Und Hans hieß ich auch nicht.

HAMMELFÜHRER

Immer dienstags nach der Kirmes wurde in O. der Hammel ausgetanzt. Einmal war ich der Hammelführer. Hammelführer zu sein sei eine große Ehre, versicherte mir Vater. Wie stolz wäre er gewesen, hätte er früher ein einziges Mal den Hammel führen dürfen. Ich bekam einen dunkelgrünen schweren Schäferumhang, eine schwarze Filzkappe und einen langen Holzstecken mit einem Kratzeisen am Ende. An einem Strick führte ich das Tier an der Spitze des Umzugs zu der Festwiese. Dort wartete eine Kapelle und die tanzenden Paare gaben sich einen kleinen Blumenstrauß weiter, solange, bis irgendwann ein Böller krachte. Die beiden, die den Strauß dann in der Hand hatten, mussten den Hammel bezahlen. Er wurde geschlachtet, über einem großen Holzfeuer am Spieß gebraten und jeder bekam gegen eine Spende eine Portion. Auf dem Weg zu der Wiese blieb mein Hammel plötzlich stehen, machte die Hinterbeine breit und ließ seine Bohnen fallen. Es war mir peinlich und ich zerrte das Tier an dem Strick weiter. Die Paare hinter mir begannen zu lachen, auch die Kinder, die neben mir herliefen, lachten. Nun wollte ich mein Amt loswerden und nahm die Kappe vom Kopf. Doch ich musste Hammelführer bleiben, bis wir die Wiese erreicht hatten.

PFERDE

Opa kannte sich mit Pferden gut aus, denn im Krieg war seine Gulaschkanone von Pferden gezogen worden. Jahrzehnte später noch
wusste er die Namen von allen seinen Tieren. Samstags nachmittags schauten wir im Fernsehen zusammen Fury an. Regelmäßig
wurde er dann wütend. Das sei Betrug, regte er sich auf, darin
müsse ein Mensch stecken. Denn niemals könne ein Pferd mit seinem Maul ein Gattertor öffnen oder eine verlorene Brieftasche zu-
rückbringen oder einem Verbrecher mit seinen Hufen den Revol-
ver aus der Hand schlagen. Denn er, er kenne die Pferde.

FRÜHLING

Ein Mädchen aus der Nachbarschaft und ich, wir sollten unter dem Maibaum zwei Gedichte aufsagen. Mein Gedicht hatte jemand am Abend vorher auf einem Zettel vorbeigebracht. Ohne hängen zu bleiben, konnte ich es bald auswendig aufsagen. Am nächsten Nachmittag waren viele Menschen um den Baum versammelt. Es wurden Reden gehalten, eine Kapelle spielte, dann begann das Mädchen. Die Kapelle spielte erneut. Nun war ich an der Reihe und rief: Er ists von Eduard Mörike. Nach einer kleinen Pause fuhr ich mit lauter Stimme fort: Frühling lässt sein blaues Band wieder flattern durch die Lüfte. Über dem Eingang der Wirtschaft gegenüber hing ein mächtiger, mit vielen bunten Bändern aus Krepppapier geschmückter Maistrauß. Doch kein einziges Band war blau. Das irritierte mich so, dass ich verstummte. Es wurde ganz still auf dem Platz, die Leute schauten mich an und warteten, ob ich noch etwas sagen würde. Starr blickte ich zu dem Maistrauß hinauf, dann zu den Leuten. Ich wusste nicht mehr, wie es weiterging. Nach einer Weile flüsterte das Mädchen neben mir: Süße. Jetzt fiel mir der Text wieder ein und mit leiserer Stimme sagte ich den Rest des Gedichts auf. Als ich fertig war, wurde geklatscht.

BOSKOOP

Opas Leidenschaft war sein Garten, zu dem er mehrmals im Jahr unseren Puddel karrte. Er schöpfte ihn mit einem an eine Bohnenstange genagelten Blecheimer aus der Abortgrube in einen Zinkbottich, einen ausrangierten Einkochtopf, den er in seinen kleinen hölzernen Leiterwagen stellte. Mit ihm schaffte er aus dem Garten Kartoffeln und Gemüse nach Hause. Mit Schießdraht von der Grube, den er in verschiedenfarbigen dicken Bündeln im Keller hatte, band er die Bottichgriffe an den Seiten des Karrens fest, schob die beiden trapezförmigen Bretter vorne und hinten ein und griff nach der Deichsel. Ich drückte von hinten oder zog an dem Karren, wenn es bergab ging, um zu bremsen. Die eisenbebänderten Holzräder rumpelten über das Kopfsteinpflaster. Besonders reichlich düngte Opa seine Apfelbäume, vor allem den Boskoop. Es war verboten, Obst abzupflücken. Nur wenn es in der Wiese lag, durfte man sich etwas nehmen. Einmal trug sein Boskoopbaum kaum etwas, doch die wenigen Äpfel waren außergewöhnlich dick. An einem dünnen Ästchen schwebte einer genau in Augenhöhe vor mir. Immer wieder schlich ich um ihn herum, musterte ihn von allen Seiten und strich über seine pelzige Schale. Schließlich fragte ich Opa, ob ich ihn haben könne. Nein, sagte er, der Apfel sei noch nicht ganz reif. Tatsächlich hatte er an einer Seite noch einen grünen Fleck, aber sonst war er schön rot. Ich schüttelte an dem Ästchen, der Apfel tanzte auf und ab, fiel aber nicht herunter. Da biss ich aus der roten Seite ein Stück heraus. Es war saftig und schmeckte köstlich. Opa schimpfte, aber nur kurz. Dann riss er den Apfel ab und gab ihn mir.

BONBONS

Mutter besuchte eine Freundin, ich durfte mitkommen. Sie brachte eine Blechbüchse mit Karamellbonbons, griff hinein und streckte mir eine Handvoll entgegen. Ich sagte: Danke und nahm sie. Da schaute die Frau ärgerlich und meinte, ich hätte bloß zwei oder drei nehmen sollen. Mutter und sie hätten sicher auch welche haben wollen. Aber jetzt, da ich sie alle genommen hätte, wolle sie sie auch nicht mehr zurück.

SEITENGEWEHR

Wollte ich meinen Teller nicht leer essen, versprach Vater, mir sein Seitengewehr zu zeigen. Außer einigen Fotos war es das Einzige, was er aus dem Krieg mitgebracht hatte. Hatte ich alles aufgegessen, breitete er eine alte Zeitung auf dem Küchentisch aus und legte die Waffe vorsichtig darauf. Wenn er sie aus der schwarzen Metallscheide zog, glänzte das Messer ölig. Ich lernte die Wörter Parierstange und Hohlkehle, auch Blutrinne genannt. Und dann demonstrierte er, wie man es auf ein Gewehr aufpflanzt. Schließlich polierte er die Klinge mit einem Tuch, fettete sie sorgfältig ein und schob sie in die Scheide zurück.

FLINTENWEIBER

Vom Krieg erzählte Vater nur wenig. Aber oft folgende Geschichte. Es geschah im April 1943 in der Herzegowina. Er und sein bester Kumpel, beide 18 Jahre alt, patrouillierten am Ufer der Neretva. Es war ein warmer sonniger Tag, alles war ruhig. So stellten sie die Gewehre an einen Baum, zogen ihre Drilliche aus und badeten im Fluss. Plötzlich seien aus dem Unterholz vier bewaffnete junge Frauen aufgetaucht, hätten ihnen Kleider und Waffen weggenommen und sie nackt davongejagt. Nach einer kleinen Pause pflegte er leise hinzuzufügen: Das hätte auch ganz anders ausgehen können. Von ihrem Spieß hätten sie dann ordentlich Zoff bekommen.

PARTISANEN

Einer Gruppe jugoslawischer Partisanen, Kriegsgefangene der Wehrmacht, erzählte Vater, sei befohlen worden, in der Nähe von Kraljevo im Gelände versteckte Panzerabwehrminen auszugraben. Während die Männer sie zu einer Sammelstelle trugen, löste sich unversehens einer aus der Reihe, rannte zu einer abseits stehenden Gruppe von SS-Offizieren, warf sich zwischen ihnen zu Boden und brachte so, bevor jemand reagieren konnte, seine Mine zur Detonation.

SOLDATEN

War Mutter nicht zu Hause, bereiteten Vater und ich uns das Abendessen selbst. Dann verpflegten wir uns wie Soldaten. Es gab Butterbrot mit Maggi oder Butterbrot mit Zucker oder Butterbrot mit Maggi und Zucker. Dann erzählte Vater immer, wie er bei Kriegsende tagelang zu Fuß von Marburg an der Drau bis nach Graz gelaufen sei. Zu essen hatte er nur einen Rucksack voll Würfelzucker, den er aus einem in eine Schlucht gestürzten Wehrmachtslaster organisiert hatte. Leider war Mutter nur selten abends nicht da.

BLASEN

Bekam ich mit, dass Vater pinkelte, stellte ich mich hinter die Toilettentür und rief, ich müsse auch, es sei ganz dringend. Manchmal verließ er dann das Klo, ohne abgespült zu haben. In Ruhe betrachtete ich nun die in dem gelben Schaum treibenden Blasen und wunderte mich, weshalb sie stets zum Rand trieben. Manchmal war es ein schnell schrumpfendes Gebirge, denn die großen Blasen zerplatzten zuerst. Bevor der Schaum gänzlich verschwunden war, musste ich, um Unglück zu vermeiden, neue Blasen erzeugt haben. Ich pinkelte in den zerfallenden Haufen und ein neues Gebirge quoll auf. Doch immer war es kleiner als das von Vater. Mit dem Abspülen wartete ich, bis die letzte große Blase geplatzt war.

PREUSSENS GLORIA

Am Fenster wartete ich auf den Spielmannszug, der bei Stadtfesten, Vereinsfeiern oder Umzügen durch die Straßen von O. marschierte. Vornweg Vater, der Tambourmajor. Dahinter im Gleichschritt seine Musikanten. Vater trug eine dunkle, eng geknöpfte Uniformjacke und eine Pickelhaube. Beim Marschieren stemmte er die Linke in die Seite. Stach er mit dem Tambourstock in die Luft, setzten die Fanfarenspieler ihre Instrumente an die Lippen. Beim nächsten Hieb des Stocks begannen sie zu blasen und die Trommler schlugen auf ihre mit rotweißen Blitzen bemalten Landsknechtstrommeln. Sogar im Dunkeln sah man Vater dirigieren. Denn an der Stockspitze baumelten zwei Fahrradbirnchen, ein rotes und ein grünes. Zwei Schießdrähte, die mit der bunten Zierkordel verflochten waren, führten von der Batterie im Knauf zu ihnen hinauf. Sonntags morgens wurde auf freiem Feld geübt. Oft durfte ich mitkommen und mir ein Lied aussuchen. Ich wünschte mir immer Preußens Gloria. Mir gefiel, wie alle auf Vaters Kommando hörten, wie hell die Fanfaren schmetterten und wie laut die Becken schepperten. Und auch, wie die beiden Rossschweife am Schellenbaum hin und her tanzten.

FASTNACHT

Morgens hatte Vater immer die Postuniform an und nachmittags seine Schaffkleider. Aber an Fastnacht trug er ein hellrotes Samtjackett mit goldenen Zierstreifen an den Ärmeln, ein weißes Hemd mit einer schwarzen Fliege und weiße Handschuhe. An der linken Seite des Revers steckten Ehrennadeln, um seinen Hals hingen an bunten Schnüren viele Orden. Auf dem Kopf trug er eine rotweiße Narrenkappe aus einem glatten glänzenden Stoff mit kleinen Schellen. Vater sagte: Die Kappe ist aus Atlasseide und die Troddel an der Spitze aus Goldgarn. Er war der stellvertretende Elferratspräsident, leitete bei Prunksitzungen die närrischen Soireen, gab der Kapelle den Tuscheinsatz und ließ die Funkenmariechen tanzen. Fastnacht hätte eine schöne Zeit sein können, wäre Mutter nicht so eifersüchtig gewesen.

GUT PFAD

Zwei Mal durfte ich zu den Wölflingen. Wir trafen uns in einem winzigen Häuschen, der Villa Fallnichtum, neben der evangelischen Kirche in O. Eine junge Frau, die wir Akela nannten, begrüßte die Meute mit Gut Pfad und erzählte spannende Geschichten von Mowgli. Die Wölflinge durften Bücher mit seinen Abenteuern bei ihr ausleihen. Als auch ich ein Buch ausleihen wollte, sagte sie, ich dürfe es erst nach meiner ersten Prüfung lesen. Empört besorgte ich mir den Band in der Stadtbücherei und brachte ihn zum nächsten Treffen mit. Ich hätte nun, sagte die Akela, gegen die Regeln der Meute verstoßen. Und durfte nicht mehr kommen.

EINS, ZWEI, DREI, VIER

Der Friseur verkaufte auch Tabakwaren und nahm Tippscheine an. Ich holte bei ihm immer Tabak und Blättchen für Opa und Zigaretten für Vater und für beide Fixfeuer. Allmählich stellte sich zwischen dem Friseur und mir eine Geheimsprache ein. Sagte ich eins, so brauchte Opa Batavia. Zwei, neue Blättchen. Drei, Vater Halbe Fünf. Und vier bedeutete Streichholz. Ich war neugierig, ob er etwas verwechselte, wenn ich eins und drei oder zwei und vier sagte. Aber er vertat sich nie.

WICHSE

Noch nicht angebrochene Dosen mit Schuhwichse mochte ich sehr, vor allem schwarze. Vorsichtig hebelte ich den Blechdeckel auf. Nie vorher hatte ich etwas so glänzend Glattes gesehen, so makellos schimmernd und zugleich so verletzlich. Immer wieder probierte ich, mein Gesicht darin zu spiegeln. Manchmal hatte ich nicht mitbekommen, dass Mutter neue Wichse gekauft hatte. Wie groß aber war die Enttäuschung, wenn ich beim sonntäglichen Schuheputzen eine neue Dose öffnete, deren Oberfläche von Sprüngen durchzogen oder deren Inhalt krümelig war.

TASCHENLAMPE

Opa schenkte mir zum Geburtstag eine Stabtaschenlampe mit drei dicken Batterien, mit der man auch Blinkzeichen geben konnte. Hielt ich die Hand vor den Lichtstrahl, schimmerte die Haut zwischen den Fingern rötlich. Konnte ich nicht einschlafen, zog ich die Decke über den Kopf, wartete etwas, hielt dann die Lampe vor ein Auge, öffnete es weit und drückte kurz auf den Knopf. Nach dem Blitz zuckten farbige Feuerräder und Raketen vorbei. Nach zwei, drei Blitzen schlief ich meist benommen ein.

NESTELKNAPPE

Die im pfälzischen K. lebende Braut wünschte sich zur Hochzeit von Vater französischen Kaffee für die Feier. So viele Päckchen könne man nicht schmuggeln, sagte Vater, und packte sie offen in einen Karton auf den Rücksitz. Einer der Zöllner – es waren immer Schwarze, nie kamen sie aus Lothringen oder dem Elsass – zählte die Beutel, rechnete und schrieb eine Zahl auf einen Zettel, den er Vater gab. Der Schlagbaum war geschlossen und unser Cremeschnittchen das einzige Auto an der Grenze. Vater begann nun zu diskutieren, er rief mariage und pfiff tam tam tatam. Doch der Zöllner verstand nicht oder wollte nicht verstehen. Er rieb Daumen und Zeigefinger aneinander und sagte payer payer. Da nahm Vater den Karton aus dem Auto, deutete zu einer noch auf saarländischem Gebiet stehenden Weide und erklärte gestenreich, dass er den Kaffee dort deponieren würde. Und am Abend, soleil kaputt, käme er zurück und nähme den Karton wieder mit. En Sarre. Compris? Der Zöllner schaute uns entgeistert hinterher, als wir durch die Wiese zu der Weide stapften. Dann sagte Vater, ich solle ihm schnell die Schnürsenkel herausziehen, und band sich damit die Hosenbeine über den Schuhen zu. Nun öffnete er den Gürtel, riss eine Packung nach der anderen auf und schüttete die Bohnen in die Hose. Die leeren Beutel stellte er in den Karton und deponierte diesen unter den Baum. An der Zollschranke deutete er auf die Weide, dann auf sich und sagte: soir retour. Der Zöllner scheuchte uns weg wie Fliegen und öffnete den Schlagbaum. In K. ließ Vater ein Bettlaken auf dem Küchenboden ausbreiten, streifte die Schuhe ab und stellte sich darauf. Alle Gäste schauten zu, als er ankündigte, jetzt sein Hochzeitsgeschenk zu überreichen. Dann bückte er sich und löste den einen Schnürsenkel, ich nestelte den anderen auf. Da rutschten die Bohnen heraus und zwei braune Hügel bedeckten seine Füße. Es roch wunderbar nach Kaffee und alle lachten und klatschten. Er war der König der Hochzeitsgesellschaft. Und ich sein stolzer Nestelknappe.

SCHMUGGEL

Die französischen Zöllner, hieß es, würden schlafende Kinder nicht wecken. So warteten meine Eltern samstags abends bei den Verwandten im pfälzischen K., bis es dunkel war. Dann musste ich mich auf die Rückbank legen und Vater packte die Sachen, die Mutter im Reich gekauft hatte, um mich herum und breitete eine Decke darüber. Nur mein Gesicht schaute heraus. Ich hatte eine kurze Lederhose bekommen mit einem weißen Hirsch auf dem Bruststück. An der Grenze leuchtete der Zöllner mit seiner Lampe durch das Seitenfenster. Als das Licht auf mein Gesicht fiel, presste ich die Lider zusammen und hielt die Luft an. Dann öffnete er den Schlagbaum und winkte uns durch. Ein paar Jahre lang war es meine Lieblingshose.

KRÜPPEL

Fuhren Mutter und ich mit dem Zug nach N., sahen wir in der Bahnhofshalle oft einen Kriegskrüppel, dessen Beine bis zur Mitte des Oberschenkels amputiert waren. Er saß, die Stümpfe unter einer Decke verborgen, auf einem Brett mit vier Rollen und bettelte. Um sich fortzubewegen, stieß er sich mit den Händen vom Boden ab. Übersah ihn jemand, wurde er wütend und schob sich laut fluchend in die Reihe der vor dem Fahrkartenschalter Wartenden, die scheu zur Seite wichen.

HELLSEHER

Einige Jahre verblüffte Vater bei Familientreffen oder Festen mit seinen hellseherischen Fähigkeiten. Denn er konnte mit geschlossenen Augen und allein durch vorsichtiges Tasten mit den Fingerspitzen erfühlen, ob die von ihm gezeigte Spielkarte ein Bild, also Bube, Dame oder König, oder eben kein Bild zeigte. Vater ließ ein Päckchen Karten gründlich mischen und mehrfach abheben. Nun bog er den Stapel in seiner linken Hand ein wenig zusammen und tastete mit dem rechten Zeigefinger einige Sekunden lang mit sichtlich angestrengter Miene die Oberfläche der obersten Karte ab. Dann sagte er: Bild, oder: kein Bild, legte die Karte auf den Tisch und begann mit dem Ertasten der nächsten Karte. Die Zuschauer waren verblüfft. Er vertat sich nie. Manche vermuteten, Vater habe Markierungen angebracht und suchten nach Einritzungen, Stecknadelstichen oder eingefetteten glatten Stellen. Andere glaubten, dass er beim Biegen heimlich auf die untere Ecke der Karte schiele. Dann ließ sich Vater die Augen mit einem Schal verbinden. Andere waren überzeugt, dass durch den Druck der Bilder winzige Vertiefungen in die Karten geprägt worden seien. Doch ihre eigenen Tastversuche waren immer vergeblich. Das Spektakel sorgte jedes Mal für heitere Verblüffung. Niemand erriet je den Trick. Hätten wir beim ersten Mal in unserer Küche nicht zu zweit geprobt, so wäre alles schnell aufgeflogen. Ich hatte neben Vater Platz genommen und sollte ihm immer dann, wenn er eine Bildkarte zeigte, auf den

Fuß treten. Als die erste kam, tat ich das – doch so fest, dass er prustend loslachte. Später, vor Publikum, tupfte ich derart zart, dass unsere Teamarbeit niemals bemerkt wurde.

DER TANKWART

Bei jeder Fahrt zu den Verwandten in der Pfalz freute ich mich, ihn wieder zu sehen. Wenige hundert Meter vor der Grenze saß er neben einem Tankstellenhäuschen reglos auf seinem Stuhl und blickte auf die wenigen vorbeikommenden Autos. Es war ein dicker alter Mann mit dunkler Schirmmütze und mürrischem Gesicht. Jetzt kommt er gleich, pflegte Vater zu sagen. Ob er auch heute da ist, fragte ich, wenn Vater nichts gesagt hatte. Nie haben wir bei ihm getankt, und nie sah ich jemals ein Auto an einer der beiden Zapfsäulen stehen, denn Benzin war im Reich billiger. Nichts sonst gab es an der Tankstelle, keine Werkstatt, keinen Kiosk. Nur die Zapfsäulen und den Mann auf dem Stuhl. Der Mann wartete, wie alle damals. Wie Vater auf die jährliche Gehaltserhöhung und Mutter auf den nächsten Urlaub in La-Napoule. Es war auch die Zeit der Überraschungen. Nie zuvor gesehene rote, grüne oder gelbe Paprika, die er beim Barras in Jugoslawien gegessen hatte, brachte Vater aus N. mit. Ein anderes Mal eine Kokosnuss, die er, weil wir sie nicht öffnen konnten, mit seinem Fuchsschwanz aufsägte und deren Milch über den Küchentisch floß. Oder eine Ananas. Oder eine Packung getrockneter Datteln. Was für ein klebriges Zeug, sagte Mutter, nachdem sie eine Frucht aus der Schachtel gepult hatte.

PLUMPSKLO

Im Haus meines pfälzischen Patenonkels gab es ein Plumpsklo, dessen Tür man mit einem Holzriegel verschließen konnte. Ein breites Brett reichte von einer Klowand zur anderen, in der Mitte war ein großes Loch ausgesägt, das mit einem Deckel verschlossen war. Um ihn hochzuheben, waren zwei Holzstücke aufgenagelt und quer darüber ein Stück Dachlatte. Durch das häufige Anfassen fühlte es sich schön glatt an. An einem Fleischerhaken am Türpfosten hingen zerrissene alte Zeitungen. Zeitschriftenstapel und noch nicht zerrissene Zeitungen lagen auf den beiden Enden des Bretts. Ich setzte mich in eine Ecke und las und roch. Nach einer Weile musste ich pinkeln. Es dauerte, bis die Tropfen aufschlugen. Jedes Mal, wenn ich das Klo verließ, ohne abspülen zu müssen, dachte ich, ich hätte etwas vergessen.

MÄRKLINEISENBAHN

Zu Weihnachten bekam ich eine elektrische Eisenbahn mit zwei Zügen. Einer mit Tender, drei Reisewaggons, Speise- und Gepäckwagen, der andere war ein Güterzug mit Kühl- und Kesselwagen. Ein Dorf aus bunten Plastikhäuschen der Firma Faller mit einer Kirche und dem Bahnhof von Balje, dazwischen gelbgrünes Gras. Es war auf Leim gestreutes Holzmehl. Schließlich ein Tunnel, eine Brücke und zwei Weichen. Auf einem runden Handspiegel schwammen zwei Enten und ein Schwan. Vater musste immer kurz vor Weihnachten die Bahn auf einer Sperrholzplatte im Wohnzimmer aufbauen. Das waren aber die Tage, an denen er müde war und viel später als sonst von der Arbeit nach Hause kam, denn in seinem Revier wollte er alle Pakete und Päckchen rechtzeitig zustellen. Lag ich abends im Bett, hörte ich ihn beim Aufbauen fluchen. Doch immer an Heiligabend drehten bei der Bescherung die Züge ihre Runden. Die Bahn interessierte mich kaum. Ein paar Mal ließ ich sie fahren. Aufregend war es, als eines Abends der Transformator durchschmorte. Ein paar Tage nach Weihnachten sagte Mutter, dass sie das Ding beim Staubsaugen störe. Und: Der spielt ja doch nicht damit. Dann baute Vater alles wieder ab. Dabei half ich ihm gerne. Denn das rote Ölpapier, in das die beiden Lokomotiven gewickelt wurden, roch gut und fühlte sich angenehm weich an. Vor allem gefiel mir, wie exakt die Loks, Tender und Waggons in die ausgestanzten Vertiefungen der Schachteln passten.

BÜCHER

Auf dem Bord in der Küche standen zwei Blumenvasen, ein Kistchen mit Korkuntersetzern für Weingläser, zwei Hündchen aus Holz und eine Tulpenkerze, die ich Mutter einmal zum Geburtstag geschenkt hatte. Daneben der Roman *Perlicco Perlacco*, zwei Bände mit Abenteuern des Amerikafahrers Jürnjakob Swehn, *Bewahrtes und Verheißendes* von Johannes Kirschweng und ein Gartenführer, ein Geschenk von Freunden zum Einzug in das neue Haus. Außerdem die Zivilschutzfibel, ein dünnes Heftchen, das vom Bürgermeisteramt an alle Haushalte verteilt worden war. Darin wurde empfohlen, bei einem Atomangriff hinter einem Mäuerchen Schutz zu suchen, nicht in den Blitz zu schauen und Nacken und Kopf mit einer Aktentasche, einem Ranzen oder einem dicken Buch zu bedecken.

LIEGESTÜTZE

Bevor ich schlafen ging, absolvierte ich jeden Abend auf dem Bettvorleger zehn Liegestützen. Ganz korrekt, so dass meine Nasenspitze den Boden berührte. Unvermeidlich fiel mein Blick dabei unters Bett, wo sich auch an diesem Abend kein Einbrecher versteckt hatte.

DURST

Als mir der Blinddarm herausgenommen wurde, malte Mutter bei ihren Besuchen im Krankenhaus die Folgen aus, sollte ich das strenge ärztliche Trinkverbot missachten. Und sie erzählte immer wieder die Geschichte eines frisch operierten jungen Mannes, der wegen seines höllischen Dursts das Wasser aus der Blumenvase getrunken habe und daran gestorben war. Und wie das Wasser gestunken haben müsse, murmelte Mutter leise.

TEPPICHHÄNDLER

Immer wieder schellten vor dem Tag X großgewachsene schwarze Männer an der Haustür. Sie kamen morgens, wenn Vater und Opa auf der Arbeit waren, und immer zu zweit. Sie trugen lange gestreifte Hemden mit weiten Ärmeln und Kapuzen, über ihren Schultern hingen schwere Teppiche. Waren die heftig schwitzenden Männer in der Wohnung, begannen sie gestenreich und mit laut vorgetragenen Erläuterungen ihre Teppiche und Bettvorleger auszurollen. Mutter und Oma schafften es nie, sie wegzuschicken. Hartnäckig und forsch, zuweilen fast drohend hoben sie einzelne Stücke hoch und priesen deren Qualität. Für mich zauberten sie aus ihren Gewandtaschen Honigmandeln. Gemeinsam redeten sie auf Mutter und Oma ein. Sagten diese: Zu teuer, dann legten sich die Männer erst recht ins Zeug. Immer neue Zahlen schrieben sie auf Zettel oder hielten Finger in die Höhe. Sie zogen schmale Fotos ihrer Kinder aus den Taschen, rollten kleinere Teppiche aus und boten an, eine bunt bestickte Tagesdecke dazu zu geben. Mutter und Oma gefielen die Sachen, das merkten die Männer, und nach einem weiteren geschenkten Deckchen für den Nachttisch holten Oma aus ihrer Zigarrenkiste und Mutter aus der Teedose Geldscheine. Waren die Händler weg, begutachteten sie stolz ihre Erwerbung, sorgten sich aber, was Vater und Opa sagen würden.

DIE KISTE

In einem Steinbruch in der Nähe von O. hatte ich wenige Tage vor dem Tag X eine bis zum Rand mit Filmrollen gefüllte große Holzkiste gefunden. Sie war in einem Gebüsch verborgen und mit abgerissenen Zweigen bedeckt. Ich hoffte auf Nacktaufnahmen und hielt immer neue Streifen gegen die Sonne. Aber alle waren bekleidet, viele trugen eine Uniform. Als ich später Vater davon erzählte, sagte er, das wolle er sich einmal ansehen. Wir fuhren in den Steinbruch, aber die Kiste war verschwunden.

TAG X

Wochenlang sprachen alle von dem Datum mit dem seltsamen Namen. Als der Tag endlich gekommen war, entfernte Vater die Zeltplane, mit der unser goldfarbener VW abgedeckt war. Er hatte das Auto ein paar Wochen zuvor gebraucht im Reich gekauft und auf einem Platz in der Nähe abgestellt. Vor unserer ersten Fahrt brachte ich wie immer unseren Wasserkessel, denn es war meine Aufgabe, Kühlwasser aufzufüllen. Doch Vater sagte, anders als unser altes Cremeschnittchen besitze der Volkswagen eine Luftkühlung. Und ich bräuchte nie mehr Wasser nachzufüllen.

STRASSENBAHN

Wenn Vater und Mutter samstags zum Tanzen gingen, brachten sie mich zu Tante R. nach N. Sie machte mir mein Bett auf dem Sofa in der Küche, wo auch der Fernseher stand. Unmittelbar vor dem Haus war eine Haltestelle der Straßenbahn. Näherte sich eine Bahn, so begannen an der immer gleichen Stelle der Oberleitung elektrische Funken zu sprühen, deren Reflexionen an der Küchendecke zu sehen waren. Hielt die Bahn an, so bremste sie mit einem scharfen sirrenden Geräusch. Die Weiterfahrt wurde durch das helle Bimmeln einer Glocke angekündigt. Wenige Meter hinter der Haltestelle bog die Bahn in eine enge Rechtskurve, um den Hüttenberg hinunterzufahren. Dann mahlten die eisernen Räder quietschend gegen die Schienen. Ein paar Sekunden später begann die Bahn zu bremsen. Es hörte sich dunkel und bedrohlich an.

NACHTFAHRT

Nachts fahre er am liebsten, sagte Vater immer, weil man entgegenkommende Autos schon von weitem bemerke. Ich lag auf dem Rücksitz und schaute in den Wagenhimmel. Niemand sprach. Näherte sich von hinten ein Auto, fiel mattes Scheinwerferlicht herein. Wurden wir überholt, wartete ich auf das Knacken. Ein paar Sekunden später drückte Vater dann stets auf den Fußschalter neben der Kupplung, um das Fernlicht auszuschalten. War der Abstand zum überholenden Wagen groß genug, tippte er erneut darauf. Es war ein harter trockener Doppelknack. Immer wenn von hinten ein Lichtschimmer zu sehen war, freute ich mich, dass es bald knacken würde.

TRAUM

Ich träumte, ich säße am Steuer von Vaters Wagen. Um nach Hause zu kommen, musste ich an einer unübersichtlichen Kreuzung nach links abbiegen. Ich wollte bremsen, um die ununterbrochen entgegenkommenden Autos passieren zu lassen. Aber weder die Fußbremse noch die Handbremse funktionierten. Böge ich ab, gäbe es einen schrecklichen Unfall. Führe ich geradeaus weiter, fände ich nie mehr nach Hause.

HAUSHALTSWAREN

Bei Herrn B., einem wortkargen älteren Herrn von zierlicher Statur und schütterem grauen Haar, der mit Strickweste und Krawatte hinter der Theke seines Geschäfts stand und ungeduldig durch seine schmale Goldrandbrille blickte, wenn man sich nicht entscheiden konnte, kaufte ich einen Teller mit einer Inschrift aus Goldbuchstaben: Der lieben Mutter. Herr B. stand in dem Ruf, nur Qualitätsware zu führen. Nichts aus Plastik, wie im Kaufhaus daneben. Er gehörte zur besseren Gesellschaft von O., saß in mehreren Vereinsvorständen und dekorierte an Weihnachten sein Schaufenster mit einer Krippe, Lichterketten und blinkenden Sternen. Vater erzählte später, dass, als die Synagoge von O. in Brand gesteckt wurde, Herr B. einer der Eifrigsten gewesen sei.

TASCHENTÜCHER

Immer wenn wir Tante R. in N. besuchten, bekam ich bunte Kindertaschentücher geschenkt. Tante R. putzte in einer Schule und steckte seit Jahren alle unter den Pulten liegenden Taschentücher ein. Sie wusch und bügelte sie, besprühte sie mit Kölnisch Wasser und stapelte sie in dicken Packen in ihrem mit Mottenkugeln ausgelegten Wäscheschrank. Obwohl sie an Geburtstagen, zu Ostern und zu Weihnachten stets Taschentücher verschenkte, wurden die Stapel nie kleiner. Taschentücher hatte sie in allen Schürzen, Jacken- und Manteltaschen, in Handtaschen und Einkaufsbeuteln. Nachdem sie mir eine Kugel Eis oder einen Mohrenkopf gekauft hatte, schaute sie mich prüfend an. Dann kramte sie in ihrer Jacke nach einem Taschentuch, knüllte es zusammen, spuckte hinein und begann, mein Gesicht abzureiben. Drehte ich den Kopf zur Seite, drückte sie ihn zurück.

LIEBLINGSSCHÜLER

In der ersten Klasse war ich der Liebling des Lehrers. Meist schon in der ersten Stunde winkte er mich ans Pult. Mal durfte ich Kreide beim Hausmeister holen, mal einen Brief zu den Eltern eines Schülers bringen, der den Unterricht schwänzte. Fast jeden Tag gab er mir einige Münzen, um beim Frisör Zigaretten und beim Metzger einen Ringel Lyoner zu besorgen. Den legte er in die oberste Schublade des Pults. Mit dem Taschenmesser schnitt er alle paar Minuten eine Scheibe ab, um sie, nachdem er die Haut entfernt hatte, genussvoll zu verspeisen. Bis zur großen Pause hatte er die Wurst meist schon aufgegessen.

FRANZÖSISCH

C'est la porte und *c'est le torchon*. Das lernten wir in der ersten Klasse der Volksschule. Das ist die Tür und das der Lappen zum Auswischen der Schiefertafel. Und damit wir Boden (*plancher*) und Decke (*plafond*) nicht verwechselten, wies uns der Lehrer darauf hin, dass man an der unteren Schleife des Buchstabens f die Küchenlampe aufhängen könne.

HAUSMUSIK

Zum Geburtstag bekam ich eine Melodica geschenkt. Herr W.,
unser Nachbar, sollte mir das Spielen beibringen. Er war ein
schmächtiger, seit langem wegen seiner Staublunge pensionierter
Bergmann, der bei Beerdigungen Klarinette spielte und häufig an
Hustenanfällen litt. In der ersten Unterrichtsstunde, die immer
wieder von Hustenanfällen unterbrochen wurde, saßen wir in seinem Wohnzimmer. Herr W. schlug ein Heft mit Märschen auf,
stellte es auf den Notenständer, nahm meine Melodica und
spielte. Als er fertig war, zeigte er auf die erste Note und sagte F.
Das sei die weiße Taste da, er blies hinein und drückte sie herunter.
Nachdem er das Mundstück am Hemd abgewischt hatte, gab er
mir das Instrument. Als ich es vorsichtig an die Lippen führte,
spürte ich die Wärme des Mundstücks und roch die Spucke von
Herrn W. Er deutete noch einmal auf das F und drückte auf die
Klappe. Meine Lippen berührten das Mundstück kaum, als ich
hineinblies. Als die Stunde zu Ende war, hatte ich zwei Takte
geschafft. Nun drückte Herr W. auf einen Metallknopf an der
Unterseite des Instruments, den ich noch nicht bemerkt hatte,
und pustete kräftig hinein. Mehrere große Tropfen blasiger Spucke traten aus, die an glitzernden Fäden langsam zu Boden sanken.
Herr W. wischte sie mit dem Finger an seiner Hose ab, verrieb mit
seinem Hausschuh die bereits herabgefallenen Tropfen auf dem
Teppich und schob das Instrument vorsichtig, aber entschieden,

in den Karton zurück. Dann sagte er, ich solle zu Hause ausrichten, ich sei vollkommen unmusikalisch. Und ich bräuchte nicht wiederzukommen.

TIERPRÄPARATOR

Mein Melodicalehrer präparierte Tiere. Am liebsten stopfte er Vögel aus. In seinem Wohnzimmer saßen auf einem Brett ein Eichelhäher, zwei Tauben und ein Bussard oder Habicht mit ausgebreiteten Flügeln und weit aufgerissenen Schnäbeln. Zwei Tiere standen auf dem Vertiko, ein Wiesel und eine Katze. Herr W. bewahrte die Dinge, die er für seine Präparationen brauchte, in einem Bretterschuppen hinter dem Haus auf. Zahlreiche Messer, Spatel und Metallklammern, gekrümmte Haken und Skalpelle, verschieden dicke Pinsel und Bürsten sowie Chemikalien in braunen Flaschen. Nicht zuletzt, nach Farbe und Größe in Pappschachteln sortiert, Glasaugen. Opa und Herr W. rauchten oft eine Zigarette zusammen und unterhielten sich über die Grube und das Ausstopfen. Gerne hätte ich ein großes grünes Glasauge genommen, aber es ergab sich keine Gelegenheit.

FRISÖR

Onkel H., der Bruder meines Vaters, war Friseur. Jahrelang schnitt er schlechtgelaunt Vater und mir alle vier Wochen bei sich zuhause die Haare. Als ich älter war, fuhr ich mit dem Rad ins Nachbardorf, wo er arbeitete. Oft hatte er keine Lust oder es waren zu viele Kunden da, dann schickte er mich wieder heim. Damit ich möglichst selten kam, schnitt er mir die Haare stoppelkurz und schabte mit einem Rasiermesser, das er an einem Stück Leder abgezogen hatte, den Nacken bis weit nach oben aus. Sah ich im Spiegel, wie er sich mit dem aufgeklappten Messer über meinen Hals beugte, schloss ich die Augen. War alles vorbei, durfte ich nie vergessen, mich zu bedanken.

HERING

Nachdem er von seinem Erkundungsgang über den Campingplatz zurückgekehrt war, sagte Vater, auf einem verlassenen Stellplatz stecke noch ein Hering im Boden. Weil man den immer brauchen könne, solle ich ihn holen. Als ich zögerte und sagte, die Leute würden das bemerken, sagte er, ich sollte so tun, als ob ich spielen würde. Nachdem ich den Hering entdeckt hatte, begann ich um ihn herumzukaspern, bückte mich und zerrte an ihm. Aber er bewegte sich keinen Millimeter. Mit immer neuen Verrenkungen ließ mich auf die Knie fallen, riss an ihm herum und hüpfte zwischendurch in die Höhe. Endlich war die Erde locker genug und ich konnte ihn mit einem Ruck herausziehen. Auf dem Rückweg zu unserem Zelt sprang ich, den Hering in der Trainingshose, noch einige Male in die Luft.

FREUDE

Er müsse beim Arzt etwas abholen, sagte Vater, es dauere nicht lange und ich solle im Auto warten. Er stellte den Wagen einige Meter neben der Praxis ab. Nach einiger Zeit musste ich pinkeln. Das Bedürfnis verschwand, kehrte aber bald zurück. Ich presste die Fäuste in den Unterleib und versuchte, an etwas anderes zu denken. Der Druck ließ nach, aber nur kurz. Draußen gingen Leute vorbei und ich dachte, es zerreißt mich. Sprang ich auf dem Sitz herum, verschwand der Drang. Blieb ich ruhig sitzen, kam er zurück. Dann fing ich erneut zu hüpfen an. Ich war schweißgebadet, als Vater endlich zurückkehrte und mich zur Toilette in der Praxis brachte. Mehrfach habe er aus dem Fenster geschaut, sagte er, aber weil ich so vergnügt im Auto herumgesprungen sei, habe er angenommen, ich würde mich gerade über etwas sehr freuen.

WUNDER

Als Vater eines Sonntags behauptete, er könne Wasser zum Brennen bringen, glaubte ich ihm nicht. Wir fuhren an einen von hohen Laubbäumen umstandenen Weiher in der Nähe von N. Vater suchte einen langen Ast und begann damit auf dem Grund herumzustochern. Gasblasen stiegen auf und zerplatzten an der Oberfläche. Nun knüllte er eine Zeitung zusammen, zündete sie an und warf sie auf das Wasser. Dann rührte er, am Ufer entlanglaufend, wild mit dem Ast da, wo die Zeitung hintrieb. Tatsächlich entflammte der Weiher immer dort, wo die Blasen aufstiegen. Dann erklärte Vater die Entstehung von brennbaren Faulgasen, die sich bei der Zersetzung der Blätter unter Ausschluss von Sauerstoff bildeten. Und dass, als er so alt gewesen sei wie ich jetzt, sein Vater auch ihm hier an diesem Weiher gezeigt habe, wie er Wasser zum Brennen bringe. Und er, sagte er, er habe ihm das damals auch nicht geglaubt.

LESEN

Lesen im Bett war verboten. Kamen die Eltern nach Hause, kontrollierte Vater das Verbot mit einem Griff an die Lampe. Deshalb deponierte ich eine zweite Glühbirne im Nachtschränkchen. Hörte ich ihr Auto, zog ich einen Handschuh über und tauschte die Birnen aus. Doch die heiße Metallfassung verriet mich. Deshalb benutzte ich meine Taschenlampe. Hörte ich sie kommen, schob ich das Buch unters Bett und versteckte die Lampe unter dem Kopfkissen. Einmal fragte Vater, ob ich bis eben gelesen hätte. Ich verneinte, und er: Soll ich unterm Bett nachsehen? Wenn er mir nicht glaube, sagte ich, solle er das tun. Nein, antwortete er, er vertraue seinem Sohn. Und schaute nicht unters Bett.

URLAUB

Opa und Oma waren nie in Urlaub gewesen. So nahmen meine Eltern sie eines Sommers in ihrem VW mit an den Lago Maggiore. Am zweiten Tag wollte Opa wissen, in welcher Richtung O. läge. Vater faltete die Europakarte auf dem Campingtisch auseinander, drehte sie ein paar Mal hin und her und zeigte dann mit dem Arm irgendwohin. Abends ging Opa in dieser Richtung bis zu einer kleinen Erhebung in der Nähe des Zeltplatzes. Ich begleitete ihn. Weil er nichts sagte, und ich da, wo er hinsah, nichts Besonderes entdecken konnte, blieb ich an den anderen Abenden am Zelt.

HILFE

Vaters Werkzeug, seine Hämmer, Meißel, Bohrer, Zangen, Schraubenzieher, Hobel und Lötkolben lagen auf der Werkbank neben dem gewaltigen Schraubstock oder in den Fächern eines großen Wandregals. An Wandhaken hingen Seile und eine eiserne Kette, Holz- und Metallsägen, verschieden große Beile und eine Axt. Dichtungen, Unterlegscheiben, Schrauben und Muttern bewahrte er in einer alten Schublade auf. In jeder freien Minute war er in seiner Werkstatt. Einmal ging ich hinunter und fragte, ob ich ihm helfen könne. Er war überrascht und freute sich. Dann kippte er die Schublade auf dem Boden der Werkstatt aus. Das ganze Zeug, sagte er, hätte längst einmal sortiert werden müssen. Alles auf einzelne Häufchen und dann der Größe nach ordnen. Und die Unterlegscheiben danach, ob sie aus Metall oder Gummi seien. Das habe ich gemacht. Aber danach wollte ich ihm nie mehr helfen.

WASCHMASCHINE

Die Anschlüsse für Gas und Wasser der neuen Waschmaschine waren in einer Ecke des Badezimmers installiert. Doch war der Wasserschlauch angeschraubt, fehlten ein paar Zentimeter, um die Badtür schließen zu können. So wurde die Waschmaschine, wenn sie nicht gebraucht wurde, im Kinderzimmer abgestellt. Da immer montags gewaschen wurde, musste Vater das Ungetüm jeden Sonntagabend aus dem Kinderzimmer über die Diele ins Badezimmer wuchten und montags abends zurück ins Kinderzimmer. Ich trug den Abwasserschlauch mit der Öffnung nach oben, damit kein Wasser herauslief. Manchmal hatte Vater keine Lust, das schwere Ding quer durch die Wohnung zu schleppen und fluchte. Dann gab es Streit und beide beschuldigten sich gegenseitig, Herrn N., diese Flasche, der das Problem auf dem Bauplan hätte sehen müssen, als Architekten ausgesucht zu haben. Nach zwei, drei Stunden gab Vater stets nach. Denn Mutter hätte die Maschine keinen Zentimeter bewegen können. Und auch er brauchte ja frische Wäsche.

FRAG SIE, SAG IHM

Beim Abendessen. Frag sie, ob der Knopf an meiner Uniform angenäht ist. Hast du den Knopf angenäht? Sag ihm, er muss noch
die Waschmaschine rübertragen. Du musst noch die Maschine ins
Bad bringen. Frag ihn, ob ich eine Dose Fisch aufmachen soll.
Willst Du eingelegte Heringe essen?

WERBUNG

Eine Zeit lang ratterten mir vor dem Einschlafen Werbeslogans und Schlagertexte im Kopf herum. Irgendwann begann ich, die Buchstaben in Zweiergruppen zu zerlegen.

HO FF EN TL IC HA LL IA NZ VE RS IC HE RT

Ging es nicht auf, weil ein Buchstabe übrig blieb,

BA DE SO BA DE FR OH BA DE DA S

ME IN BE NZ IN GA SO LI N

AU RO RA MI TD EM SO NN EN ST ER N

WE RE SK EN NT NI MM TK UK ID EN T

so war dies ein Vorzeichen für Unglück. Und ich musste weitermachen, bis es aufging. Bald wurden die kurzen Sätze langweilig.

TA NZ EM IT MI RI ND EN MO RG EN TA NZ EM IT MI

RI ND AS GL ÜC K

DE RI DE AL EL EB EN SZ WE CK IS TB OR ST EN VI EH

UN DS CH WE IN ES PE CK

HE UT EB LE IB TD IE KÜ CH EK AL TW IR GE HE NI

ND EN WI EN ER WA LD

RA SC HV ER KL IN GE ND WI EE IN TO NS CH WI ND

ET SC HM ER ZD UR CH ME LA BO N

Meist ging es am Ende nicht auf und deshalb durfte ich nicht aufhören.

DE IN HE RZ WI RD FR OH DE IN HE RZ WI RD KL AR

WE IL ES EI NS CH IN KE NH ÄG ER WA R.

WA SD IE BR AU TZ UR TR AU UN GI ST BU LL RI CH
SA LZ FÜ RD IE VE RD AU UN G.
SC HR EI BS TE IH RS CH RE IB ST EM IR SC HR EI BS
TE AU FM KP AP IE R.
Als die Zweierpacken langweilig wurden, zerhackte ich alles in
Dreier-, Vierer- und Fünferpakete. Un dme hral seinm aldr oht em
ird erüb erbli ckve rlo re nzu gehn undic hwur deg an zko nfus
undve rwir rtu nd ung lück lich.I rg en dw an nw er de ic he in ge sc
hl af en se in. Od er ni ch t?

INITIALEN

Mit einem Nagel ritzte ich die Anfangsbuchstaben meines Vor- und Nachnamens in die gekalkte Wand der Toilette im Keller. Saß ich auf dem Klo, so hatte ich meine Buchstaben stets vor Augen. Eines Tages weißelte Vater die Wand, doch die Ritzspuren waren noch immer zu sehen. Später einmal, dachte ich, bräuchte ich nur auf der Wand nachzusehen, ob ich es immer noch sei.

GEOGRAPHIE

Wie man notfalls aus zwei Schrauben, einer Mutter und einem Paket Zündhölzer eine Handgranate baut, das erklärte uns, als wir die Sowjetunion durchnahmen, der Erdkundelehrer.

UNSERE KOLONIEN

Die Frage nach dem höchsten deutschen Berg stellte Kolonien-Ede, unser Erdkundelehrer, jedem neu in die Klasse kommenden Schüler. Bekam er die Antwort Zugspitze, dann wurde er wütend. Falsch, brüllte er, und das sollte sich auch der Neue für alle Zukunft merken. Der höchste deutsche Berg sei die 5895 Meter hohe Kaiser-Wilhelm-Spitze, auch Wilhelmskuppe genannt, in unserem Kilimandscharo-Massiv.

MOSKAU

Der Französischlehrer im Gymnasium von St. W., Opfer eines Kopfschusses, regte sich wegen einer Lappalie oft so auf, dass er, während wir uns wegzuducken suchten, mit sich überschlagender Stimme auf uns einschrie, er sei 1941 zu Fuß bis vor Moskau gelaufen. Und leider, lästerten wir in der Pause, auch wieder zurück.

ERZIEHUNG

Meinst du, die würden ausgerechnet auf dich warten? Versuchte ich einen Fehler zu erklären und sagte: Ich hatte gedacht, dass – unterbrach mich Opa: Das Denken kannst du den Pferden überlassen, die haben einen größeren Kopf als du. Und der Deutschlehrer sagte: Du musst nicht alles, was über deine Bewusstseinsschwelle quillt, auch auskotzen.

ANGST

Wochenlang wurde ich von einem älteren Schüler auf dem Nachhauseweg gequält. Er lauerte mir auf, zerrte mich an den Trägern des Ranzens hinter sich her, riss mir die Mütze vom Kopf oder spuckte mich an. Manchmal versteckte ich mich nach der letzten Stunde auf der Toilette, aber dann verpasste ich den Zug. Eines Mittags rempelte er mich erneut an. Blind vor Angst begann ich auf ihn einzuschlagen und unversehens hatte ich ihn im Schwitzkasten. Er rammte mir seinen Ellbogen in die Seite, versuchte mich zu treten und drohte, mich jetzt fertigzumachen. Seine schweißverklebten Haare hingen direkt vor meinem Gesicht. In Panik drückte ich immer fester zu. Irgendwann musste ich loslassen und rannte davon. Als ich zurückblickte, ob er mich verfolgte, sah ich ihn wegtorkeln. Vor dem nächsten Tag hatte ich eine Heidenangst, aber er schaute mich nie mehr an.

SEENOT

Im Sommer paddelten wir mit meinem gelben Schlauchboot auf einem Weiher in der Nähe von O. Waren Spaziergänger am Ufer, brachten wir das Boot zum Kentern und tauchten in die Luftblase unter dem Boden des Boots. Als wir später wieder herausschwammen, waren Leute stehen geblieben und gestikulierten aufgeregt.

HENRYSTUTZEN

An einem Sonntag spielten ein Freund und ich Indianer. Wir hatten das Luftgewehr seines Vaters dabei und eine Dose mit Munition. Wir trugen unsere Flinte abwechselnd, er lässig in der Rechten wie Winnetou, ich am Riemen über der Schulter wie Old Shatterhand. Wir pirschten durch Gebüsch und Unterholz, abwechselnd schossen wir auf Vögel. Dann auf Baumstämme, weil wir einmal etwas treffen wollten. Schließlich schlichen wir zur Kante eines Steinbruchs und spähten hinab. Unten erblickten wir vier Bleichgesichter, elende Gestalten ohne Pferde, die in unser Territorium eingefallen waren. Ich legte mich flach auf die Erde, zog den glatten Holzgriff des Henrystutzens an die Backe, kniff ein Auge zu und zielte über Kimme und Korn auf einen der eingedrungenen Feinde. Den rechten Zeigefinger hatte ich am Abzug. Wenigstens einen dieser Yankees wollte ich ausschalten. Dann, seine Brust im Visier, zog ich durch. Mit einem dumpfen Plopp war die Kugel draußen. Ich hob den Kopf und linste hinunter. Doch die Vier gingen ungerührt weiter. Trotzdem rannten wir gleich nach Hause.

08

In den Gräben bei der aufgegebenen Ziegelei in O., erzählte ein Freund, lägen Waffen aus dem Krieg. Sein Bruder habe dort eine Pistole 08 gefunden und am Frankfurter Bahnhof verkauft. Einen Nachmittag lang suchten wir auf dem Gelände herum, fanden aber bloß einen alten Stahlhelm, verrostete Patronenhülsen und ein demoliertes Fahrrad. Dennoch schenkte mir der Freund ein paar Tage später einen Dauerschreiber. Er sei von seinem Bruder, sagte er, weil wir nichts gefunden hätten. Es war ein besonderer Stift, in den man oben hineinsehen konnte. Hielt man ihn gegen das Licht, sah man eine nackte Frau. Drehte man an dem Stift, erschien die nächste. Doch was mich am meisten interessierte, war überall mit zwei schwarzen Balken übermalt.

AMEISENGOTT

Die Sonne brannte im Sommer auf die Fensterbank meines Zimmers, auf der zuweilen Ameisen herumkrabbelten. Mit meiner Lupe rahmte ich sie in einen Lichtkreis ein. Doch sie eilten unbeirrt weiter, als gäbe es mich nicht. Hob ich das Glas höher, wurde der Kreis enger und heller. Je nach Laune ließ ich ihn mehr oder weniger schnell zu einem strahlend weißen Punkt zusammenschnurren. Lief eine Ameise hindurch, wurde sie jäh gestoppt. Es knisterte und knackte. Sie schnurrte zusammen und blieb reglos liegen. Manchmal wählte ich für einen Wettkampf eine aus. Schaffte sie es, dem Lichtpunkt zu entkommen, schenkte ich ihr das Leben. Obwohl ich sie mit dem Daumen noch leicht hätte erwischen können.

LEDERSTRUMPF

Als ich den *Lederstrumpf* zu Ende gelesen hatte, ging ich, aufgewühlt von dem ergreifenden Schluss, zu Mutter, die gerade staubsaugte. Als sie wissen wollte, warum ich weinte, las ich ihr die letzte Seite vor, überzeugt, dass nun auch sie vor Rührung in Tränen ausbrechen werde. Doch das Schicksal des einsamen alten Natty Bumppo machte überhaupt keinen Eindruck auf sie. Und beim Vorlesen verging auch mir das Weinen.

KRANZKUCHEN

Weil ich gerne experimentierte, sollte ich Chemiker werden. Deshalb wurden alle meine Wünsche nach Gerätschaften und Chemikalien erfüllt. Vater verlegte quer durch den Keller eine Gasleitung in die Waschküche und installierte einen Bunsenbrenner. Zu Weihnachten und an Geburtstagen wünschte ich mir Kolben, Reagenzgläser, Mischzylinder, Messbecher, Trichter, einen Mörser samt Keule sowie Stative. Laugen, Säuren, Salze und Lackmuspapier besorgte Vater bei einem Drogisten, den er kannte. Einen Sommer lang experimentierte ich mit Schwarzpulver. In einem Blumentopf mischte ich Kaliumnitrat, Schwefel und pudrig zerstoßene Holzkohle und füllte damit Flaschen, die ich im Garten vergrub. Die Erde darüber stampfte ich fest. Die Zündschnüre zog ich aus Chinaböllern, die ich an Silvester auf Vorrat gekauft hatte. Zu einer Explosion kam es nie, aber zischende Feuerfontänen sprühten bauchhoch. Die Reste, dicke Wülste, in welche Erde und geschmolzenes Glas verbacken waren, grub ich aus und spülte sie in der Waschküche sauber. In der Mitte hatten sie eine kraterförmige Öffnung. Wie Mutters Kranzkuchen.

NITROGLYZERIN

Einen Sommer lang versuchte ich nach den Angaben im Lexikon Nitroglyzerin herzustellen. Von jeder Mischung hob ich zur Probe mit einer Pipette einen Tropfen aus dem Glaskolben, wandte das Gesicht ab und ließ ihn auf den Waschküchenboden fallen. Niemals gab es eine Explosion. Offenbar hatte ich immer etwas falsch gemacht, obwohl die Zutaten exakt abgemessen waren.

RAUSCHEN

Mit einem Bolzengewehr, in das unterschiedlich gefärbte Patronen eingelegt wurden, schoss ein Handwerker Stahlnägel in die Betonwand der neuen Garage, um den Rahmen des Tors zu befestigen. Als er wegsah, klaute ich eine Handvoll. Ein paar Tage später, als ich allein zu Hause war, kratzte ich vorsichtig mit einer Nagelfeile den Wachspfropfen an der zusammengefalteten Spitze ab, um das Pulver in einem Tablettenröhrchen zu sammeln. Aber obwohl ich schüttelte und heftig klopfte, rieselte nichts heraus. Um das Pulver zu lockern, steckte ich eine von Mutters Nähnadeln in die Öffnung und rührte vorsichtig herum. So konnte ich den Inhalt von vier Patronen in das Röhrchen füllen. Doch als ich in die nächste stach, gab es einen Knall. Eine Stichflamme schoss aus der Spitze, glühende Metallzacken brannten sich in meine Fingerspitzen, es stank nach verbrannten Haaren, meine Augenbrauen waren angesengt und es rauschte in meinen Ohren. Auch die Musik aus dem Küchenradio hörte ich nicht mehr, obwohl das magische Auge noch immer grün leuchtete.

LAUB

An einem sonnigen, aber schneidend kalten Spätherbstnachmittag sollte ich im Garten Laub zusammenrechen. Ich hatte keine Lust und sagte, das sei sinnlos, denn im nächsten Herbst würden wieder Blätter herabfallen. Mutter überlegte und sagte dann, das seien aber andere Blätter. Das traf mich wie ein Blitz. Und beim Zusammenrechen dachte ich, dass auch ich im nächsten Herbst ein anderer sein würde. Und nie mehr in irgendeinem Herbst so alt wie jetzt. Und dass, wenn die neuen Blätter an den Bäumen wüchsen, ich schon bald ein Teenager wäre.

BLIND SCHREIBEN

Im Konfirmationsunterricht lernte ich schreiben, ohne ins Heft zu sehen. Es war wegen G. Sie saß in der übernächsten Reihe zwei Bänke hinter mir. Dunkelblonde Haare, Mittelscheitel, braune Augen. Diktierte der Pfarrer die Gebote, schrieb ich möglichst schnell mit, um sie betrachten zu können. Als sie es bemerkte, stieß sie ihre Nachbarin an und beide kicherten. Mit der Zeit gewöhnte sie sich daran oder es war ihr egal. Der Pfarrer war genervt und forderte mich schroff auf, den letzten Abschnitt vorzulesen. Da ich langsam las, hatte ich kein Problem, meine Schrift zu entziffern.

SCHWIMMBAD

Ich ging gern ins Schwimmbad, obwohl es dort fast immer kompliziert wurde. Lag ich bäuchlings auf der Decke, war es kein Problem. Doch das Desaster stellte sich ein, wenn ich auf der Bank neben dem Becken saß. Denn dort kamen sie alle vorbei, diese Badeanzüge und Bikinis, diese Beine und Brüste, diese Schultern und Schenkel, diese Hälse und Hintern. Und vor allem ihre Haare, mal lang, mal kurz. Zusammengekrümmt wartete ich, dass es verschwand. Irgendwann hechtete ich mit einem Satz von der Bank ins Wasser. Das war die Rettung.

DREIMETERBRETT

Auf dem Dreimeterbrett hatte ich vor jedem Sprung Angst, doch immer wieder kletterte ich hinauf. Am Fuß des Turms war ein fröhliches Drängeln und Schieben, jeder wollte zuerst auf die Leiter. Ich versuchte, eine der beiden Geländerstangen zu packen, um mich günstig einzureihen. Von Sprosse zu Sprosse schob sich die Schlange in die Höhe. Möglichst gelangweilt schaute ich mal nach oben, mal nach unten. Blickte in Ausschnitte. Oder auf am Po klebende Bikinihosen. Auf Fersen, Zehen, manchmal rot lackierte Fußnägel, Waden, Kniekehlen. Zuweilen Dunkles unter Achseln. Johlen und Kreischen. Geruch nach Chlor und Sonnenöl. Und dann, ihr Po direkt über mir, setzte sie ein Bein auf das Brett. Meist das rechte. Der linke Fuß blieb auf der obersten Sprosse. Staute es sich auf dem Brett, dauerte es, bis sie das linke Bein nachziehen konnte. Oben, an der Biegung des Geländers, glänzte das vom Angreifen blanke Metall der Stangen. Dann das Kratzen des rauen Belags unter den Füssen. Wasserperlen auf dem Rücken vor mir, Rempler von hinten. Dann das Ende des Geländers. Jetzt noch wenige Schritte auf dem wackligen Brett.

LEICHE

Die erste Leiche, die ich sah, war die von Tante F. Der Sarg stand auf zwei Stühlen im Wohnzimmer. Ihr Sohn und einige Nachbarinnen saßen daneben und klagten. Tante F. trug ein Nachthemd mit Rüschen, das strähnig graue Haar lag in zwei Zöpfen neben ihrem Kopf. Die gelblichen Hände waren gefaltet, ein kleines Holzkreuz steckte darin. Die ganze Wohnung roch nach Kölnisch Wasser. Wenige Wochen zuvor war ihr Enkel konfirmiert worden. Just in diesem Zimmer war ein langer Tisch aufgebaut gewesen und neben mir übers Eck saß ein Mädchen, das bereits einen Busen hatte. Als sich einmal unsere Beine berührten und sie ihr Knie nicht zurückzog, verließ ich meinen Platz über Stunden nicht und sie nicht ihren. Sie öffnete etwas ihre Beine und rutschte nach vorne, so dass mein rechtes Knie die Innenseite ihrer Schenkel berührte. Sehr lange dauerte es, bis ich wagte, mit einem Finger nach ihrem Knie zu tasten. Noch länger, bis ich mich höher wagte. Als sie spät abends mit den Eltern nach Hause fuhr, verabredeten wir uns für den nächsten Morgen um neun an der Bank im Garten. Aber wegen des Weins, den ich getrunken hatte, wachte ich erst gegen Mittag auf. Als ich neben dem Sarg von Tante F. saß, dachte ich unentwegt an das Mädchen und hoffte, sie bei der Beerdigung wiederzusehen. Aber sie kam nicht.

KONFIRMATION

Am Abend meiner Konfirmation setzte sich eine von Mutters Freundinnen neben mich und flüsterte, sie wolle mir etwas Besonderes schenken. Aber nicht hier im Wohnzimmer, vor allen Leuten. Ich griff nach ihrer Hand, führte sie in mein Zimmer, drehte den Schlüssel um und sagte, jetzt seien wir ungestört. Sie trug ein ärmelloses Sommerkleid mit einem goldfarbenen Lackgürtel, eine Perlenkette und elegante schwarze Absatzschuhe. Ihre Lippen waren geschminkt und sie roch nach Parfüm und ein wenig nach Schweiß. Sie schaute mich lächelnd an, öffnete ihre Handtasche, nahm ein Päckchen heraus und gab es mir – und bat mich, sie zu umarmen. Wie ein Kind, fragte ich. Oder anders.

KEGELJUNGE

Samstags abends stellte ich auf einer Scherenbahn Kegel auf. Die Eltern, einige Verwandte, Freunde oder Nachbarn spielten in zwei Mannschaften gegeneinander. Vor jedem Wurf trat ich hinter die Schutzwand, denn die Kugeln und herumfliegenden schweren Holzkegel krachten mit Wucht gegen das Prellpolster. Ich bekam für drei Stunden fünf, später sieben Mark und eine Flasche Joralimonade. Je nach Spiel musste ich die Formationen aufstellen und die Kugeln in der Laufrinne zurückrollen. War jemand, der an der Reihe gewesen wäre, auf der Toilette, durfte ich kegeln. Meine Spezialität waren die beiden Bauern, die ich fast immer sauber traf. Einmal jährlich wurde die Kasse vertrunken. An diesem Abend, es sollte mein letzter als Kegeljunge sein, gab es Streit. Wenn wir, rief mir einer aufgebracht zu, beim Barras nicht getan hätten, was uns befohlen war, wären auch wir erschossen worden. Auf der Stelle, rief ein anderer. Oder selbst ins KZ gekommen. Ich antwortete, dass, wie ich sie kenne, sie wohl nicht ungern gehorcht hätten. Ich sei doch, brüllte nun einer, noch nicht trocken hinter den Ohren. Und was mir überhaupt einfiele, eine andere. Als die Kellnerin die nächste Runde notierte, zögerte ich. Mit Bier oder Wein wäre ich als betrunken abgetan worden. Mit Sprudel oder Cola hätte ich gezeigt, dass ich es ernst meinte. Und bestellte ein Gespritztes, was ich nicht mochte.

INHALT

9	Lieblingshöhle	31	Inflation	52	Klopapier
10	Das andere Versteck	32	ABC	53	Kohlen
11	Pfauen	33	Schienbein	54	Patengeschenk
12	Haarsträhne	34	Liebe	55	Gastarbeiter
13	Badeschwamm	35	Markknochen	56	Neugier
14	Foto	36	Steckdosenmaus	57	Unerreichbar
15	Umzug	37	So oder so	58	Das schwarze Loch
16	Oparation	38	Abortgrube	60	M.
17	Kanonenfutter	39	Halbgehenkt	61	Prüfung
18	Kameraden	40	Kurven	62	Dankbar
19	Sprichwort	41	Kriechspielen	63	Hans
20	Schlachten	42	Fieber	64	Hammelführer
21	Deputatschwein	43	Ehre	65	Pferde
23	Klicker	44	Gott	66	Frühling
24	Badezimmer	45	Feigling	67	Boskoop
25	Nicht gehört	46	Zaun	69	Bonbons
26	Wintereis	47	Vaters Leiter	70	Seitengewehr
27	Das Mädchen	48	Schnee	71	Flintenweiber
28	Streichhölzer	49	Einundalles	72	Partisanen
29	Graf Koks	50	Hansi	73	Soldaten
30	Fast erwachsen	51	Gagnes	74	Blasen

75 Preußens Gloria	98 Traum	121 Erziehung
76 Fastnacht	99 Haushaltswaren	122 Angst
77 Gut Pfad	100 Taschentücher	123 Seenot
78 Eins, zwei, drei, vier	101 Lieblingsschüler	124 Henrystutzen
79 Wichse	102 Französisch	125 o8
80 Taschenlampe	103 Hausmusik	126 Ameisengott
81 Nestelknappe	105 Tierpräparator	127 Lederstrumpf
83 Schmuggel	106 Frisör	128 Kranzkuchen
84 Krüppel	107 Hering	129 Nitroglyzerin
85 Hellseher	108 Freude	130 Rauschen
87 Der Tankwart	109 Wunder	131 Laub
88 Plumpsklo	110 Lesen	132 Blind schreiben
89 Märklineisenbahn	111 Urlaub	133 Schwimmbad
90 Bücher	112 Hilfe	134 Dreimeterbrett
91 Liegestütze	113 Waschmaschine	135 Leiche
92 Durst	114 Frag sie, sag ihm	136 Konfirmation
93 Teppichhändler	115 Werbung	137 Kegeljunge
94 Die Kiste	117 Initialen	
95 Tag X	118 Geographie	
96 Straßenbahn	119 Unsere Kolonien	
97 Nachtfahrt	120 Moskau	

VERBRECHER VERLAG

Rudolf Lorenzen

ALLES ANDERE ALS EIN HELD

Roman

688 Seiten
Leinen mit Lesebändchen
32 €

ISBN: 978-3-943167-45-0

Robert Mohwinkel ist kein Held. Im Gegenteil, er versucht, wo immer es geht, sich ganz und gar anzupassen. In der Familie, in der Schule, in seiner Ausbildung zum Schiffsmakler, in der Wehrmacht, stets möchte der junge Träumer, nicht auffallen. Nur im Tanzclub blüht er ein wenig auf. Erst nach dem Krieg, als sich die Zeiten geändert haben, und die Duckmäuser alter Schule nicht mehr gefragt sind, wacht er auf. Doch selbst diesmal macht er es nicht wirklich richtig.

Der Roman »Alles Andere als ein Held« erschien erstmals 1959, ging allerdings trotz guter Kritiken neben Grass' »Blechtrommel« und Bölls »Billard um halb zehn« unter. Das lag nicht zuletzt daran, dass man in Deutschland so kurz nach dem Krieg von der allseitigen Anpasserei, den Verbrechen der Wehrmacht und den Betrügereien, auf denen sich das »Wirtschaftswunder« begründete, nichts hören wollte.

»Ich bin gar nicht sicher, ob ›Alles andere als ein Held‹ nicht der beste Roman irgendeines heute lebenden deutsch schreibenden Autors ist.«
Sebastian Haffner

»Ja, da gab es ein Buch, es hieß ›Alles andere als ein Held‹. Von Rudolf Lorenzen. Darin wird das erste Kriegsjahr beschrieben, und die Sprache, die war so authentisch, so anders, dass ich dachte: So müsste man schreiben.«
Walter Kempowski in Cicero (April 2007) auf die Frage nach Vorbildern für seinen Stil.

Verbrecher Verlag | Gneisenaustraße 2a | 10961 Berlin | info@verbrecherei.de
www.verbrecherei.de

VERBRECHER VERLAG

Enno Stahl

SPÄTKIRMES

Roman

Broschur
224 Seiten
18 €

ISBN: 978-3-95732-235-7

Im kleinen rheinischen Städtchen Kirchweiler feiert der örtliche Bürgerschützenverein sein 175-jähriges Jubiläum. Daher hat die Gemeinde eine zweitägige »Spätkirmes« organisiert. Hannes Tannert und seine Frau Meta wohnen seit kurzer Zeit hier.

Er ist Juniorprofessor in einem befristeten Anstellungsverhältnis, Meta ist seit der Geburt der gemeinsamen Tochter Cora auf 400 EUR-Basis tätig. Meta lebt gern im Grünen. Hannes will lieber nach Berlin und verachtet die »einfachen Leute« – das Dorf wiederum sieht beide als Fremdlinge. Meta immerhin bemüht sich darum, Kontakt herzustellen. Hannes wird bald seinen Job verlieren, was Meta nicht weiß. Dann eskaliert die Situation während der Kirmes ...

Enno Stahl hat erneut einen seiner hochgelobten analytisch-realistischen Romane geschrieben. In »Spätkirmes« dreht sich alles um die (eingebildeten) Leiden des Mittelstandes und um den verschleierten Widerspruch von »Heimat« und Sicherheit. Gerade die analytische Schärfe macht Stahls Buch so unerhört aktuell.

Verbrecher Verlag | Gneisenaustraße 2a | 10961 Berlin | info@verbrecherei.de
www.verbrecherei.de